SUPPLÉMENT

A L'HISTOIRE

DE ZÉLIE

DANS LE DÉSERT.

Par Madame D......

***

Pour servir de suite à la première & seconde Édition.

***

LONDRES,

Et se trouve à PARIS,

Chez { BELIN, rue Saint-Jacques.
{ DESENNE, au Palais Royal.

M. DCC. LXXXVIII.

SUITE DE L'HISTOIRE

DE ZÉLIE.

Si on a lu avec quelque plaisir les Mémoires de Zélie & les Lettres de Ninette,
si le caractère de ces deux tendres Amies
a pu intéresser, on ne sera peut-être pas
fâché de voir ici la suite de leur Histoire,
dans la correspondance qu'elles ont eues
ensemble, après l'arrivée du jeune d'Ermancour à Achem. Il avoit alors vingt &
un an ; il étoit attaché au service de la Ma-
rine, sous la protection de son oncle le
Comte de Lizadie, qui étoit aussi à Achem,
lorsque Madame Sping écrivit la lettre
suivante à Madame d'Ermancour.

A

Lettre de Ninette a Zélie.

Achem, ce 4 Juillet, dans mon cabinet du Défert.

J'ai vu le fils de ma Zélie ; j'ai embraffé l'enfant de M. & de Madame d'Erman-cour. Ah ! je ne pourrai jamais exprimer tout ce que j'ai reffenti, en le preffant dans mes bras. Ses traits, fon air noble, le fon de fa voix ont pénétré mon cœur. J'ai cru voir l'amant de la tendre Zélie. C'étoit lui-même ; oui, je me fuis plu à le croire pendant quelques inftans. Mais cette illufion a bientôt difparu : j'ai em-braffé une feconde fois votre enfant, & j'ai dit, en le préfentant à mon mari, c'eft fon fils. Eh ! pourquoi dans cet heu-reux moment n'ai-je pu me jeter dans vos bras !

J'éprouve chaque jour un nouveau plai-fir à le voir : je ne ceffe de le queftionner fur ce qui vous regarde. Avec quelle fatis-faction nous nous entretenons de vous, de fa fœur, de M. d'Ermancour ! Il conte avec grace comme fon père ; il a comme lui quelque chofe de fin dans le fourire & dans les yeux, qui donne de l'agrément à tout ce qu'il dit. Quand je lui demande fi vous êtes toujours belle : « Maman eft » comme vous, Madame, la plus aimable » & la meilleure des mères ». Je l'embraffe pour le remercier.

Et ma fille ! fi vous voyez comme elle l'écoute ! comme elle le regarde , quand elle croit qu'il ne la voit pas ! comme elle rougit quand il lui parle ! Ah ! ma chère amie , ils rempliront nos projets , ils s'aimeront. Mais adieu ; je vous quitte pour aller promener avec votre fils ; je dois le conduire aujourd'hui pour la première fois dans notre ancienne habitation du Défert. Je ne fais fi je vous ai dit qu'on a conftruit une nouvelle maifon auprès de la vôtre , pour loger la bonne Marie & fa famille. Celle que nous avons habitée en-femble , eft confervée en entier. Je me plais à y chercher fouvent ma Zélie que je ne retrouve jamais ; mais je revois toujours avec un nouvel intérêt la chambre que j'ai occupée avec elle.

5 Juillet.

Votre fils, ma chère amie, est venu déjeuner avec nous. Je le menai hier dans votre ancienne demeure. Le premier objet qui frappa ses yeux en entrant, fut votre portrait. « Voilà Maman », s'écriat-il, & les couleurs de son teint s'animèrent. Je ne pus retenir mes pleurs. « Ah ! Madame, me dit-il, en mêlant ses larmes avec les miennes, « quand viendrez» vous retrouver l'amie que vous pleurez ? » Que je voudrois pour votre bonheur & » pour le sien vous voir un jour réunies ». Ces paroles qu'il prononça de l'air le plus tendre, en fixant ses regards sur ma fille, parurent faire une vive impreſſion sur l'ame ſenſible de ma pauvre Nina.

Nous paſsâmes au jardin. Il fut enchanté de revoir les arbres ſous leſquels il avoit joué dans ſon enfance, & ſur-tout le petit

parterre qu'il avoit arrangé lui-même avec
fa fœur Zélinette. Il remarqua qu'il étoit
garni des mêmes fleurs que fa fœur fe
plaifoit à arrofer. Il demanda à ma fille fi
c'étoit elle qui les cultivoit. « Oui, Mon-
» fieur, répondit-elle, je viens ici tous les
» matins avec ma bonne. — Je voudrois
» bien, charmante Nina, partager ces foins
» avec vous ».

Cette converfation que je me plaifois à
entendre fut interrompue par le Comte de
Lizadie & mon mari que nous vîmes
s'avancer vers nous. « Ma chère Ninette,
» me dit M. Sping, en m'embraffant, je
» viens te-chercher. Mon père & ma mère
» font arrivés ; ils viennent dîner avec
» nous ». Ils font toujours les mêmes,
toujours bons, toujours auffi tendres pour
moi que leur digne fils. Je ferois la plus
heureufe des femmes, fi mon bonheur
n'étoit troublé par votre abfence, par
l'éloignement de mes amis, & particulié-
rement celui de mon fils. Mon père qui
nous a quitté pour retourner à Londres,

ainfi que je vous l'ai écrit, me l'a demandé avec tant d'inflance, que je n'ai pu me difpenfer de le lui envoyer. J'ai confié ce jeune enfant à fon oncle, Sir Charles Harture, qui, malgré fon caractère inconftant, s'eft enfin laiffé captiver, a époufé notre charmante Sophie, & l'a emmenée avec lui à Londres. Monfieur & Madame London les ont accompagnés.

Mais, ma chère amie, en m'envoyant ici votre fils, vous femblez avoir deviné que j'en avois befoin pour me dédommager de l'abfence du mien. Nous l'aimons tous : il fait les délices de notre petite fociété ; il a ramené la joie parmi nous. Pour folemnifer cet heureux événement, mon mari a imaginé de donner une fête champêtre au milieu de notre Défert. Mais devinez où fera le lieu de la fcène ? Dans le même endroit où M. d'Ermancour a paffé un tems fi long & fi cruel avec fon fidèle Jérôme. C'eft-là que mon mari, le comte de Lizadie & votre fils vont tous les matins donner leurs ordres aux ouvriers. J'y irai après dîner avec ma fille.

6 Juillet.

Je fuis allé hier, comme je vous l'avois annoncé, à l'hermitage. C'eft ainfi que nous appellons la demeure folitaire où votre mari a été pendant plufieurs années livré au défefpoir. Voyez - nous arriver, ma chère amie, dans cette allée fombre où votre nom eft gravé fur tous les arbres. Je m'y rendis avec M. Sping, après avoir jeté un coup-d'œil fur les décorations préparées pour la fête dont je vous ai parlé. Nos jeunes gens y étoient arrivés avant nous. Ils nous parurent de loin avoir enfemble une con-verfation fort animée : nous fûmes curieux d'en favoir le motif; nous avançâmes dou-cement & affez près d'eux pour les entendre, fans être apperçus. Ah! ma chère amie, que n'avez-vous pu voir le tableau touchant que nous avions fous les yeux.

Votre fils à genoux, imploroit fon par-don de Nina. « Pourquoi dédaignez-vous,

A 4

» lui difoit-il, de voir votre nom à côté
» du mien, fous celui de mon père & de
» ma mère? Pardonnez-moi d'avoir gravé
» fur cet arbre les expreffions de ma vive
» tendreffe. J'ai cru confier mon fecret
» aux auteurs des mes jours. Leurs noms
» chers & facrés m'ont fait illufion. J'ai
» penfé qu'ils m'entendoient, qu'ils m'ap-
» prouvoient. Levez - vous, monfieur le
» Chevalier, lui répondit ma fille : j'efpère
» que vous allez effacer, avant que ma
» mère ne paroiffe, ce que vous avez
» tracé trop légèrement »; & elle tourna
fes pas de notre côté.

Comme elle nous trouva trop éloignés
du lieu qu'elle venoit de quitter, pour
craindre que nous l'euffions entendue, elle
nous aborda d'un air tranquille. Cependant elle rougit un peu quand mon mari
lui demanda où elle avoit laiffé le Chevalier. « Il eft là, » dit-elle, en montrant un
endroit oppofé. Cette petite fupercherie
nous fit fourire ; mais elle ne s'en apperçut
pas ; elle effaya enfuite de diriger nos pas

vers la grotte : « Maman, me dit-elle,
» allons voir la grotte de M. d'Erman-
» cour ».

Nous y allâmes en effet, pour laisser le
Chevalier libre. Mais quel fut notre étonnement en entrant dans cette grotte obscure,
d'y voir votre fils assis dans le fond, & la
tête penchée sur ses genoux. Ses soupirs &
ses plaintes nous pénétrèrent d'une vive inquiétude.

Au bruit que nous fîmes en entrant,
il leva les yeux, & parut fort troublé. « Que
» vous est-il donc arrivé, mon cher ami,
» lui dit mon mari? Quoi! vous avez des
» peines, & vous ne venez pas les déposer
» dans mon sein »? Il s'assit alors près de
lui; il l'embrassa tendrement, & me fit
signe de m'éloigner avec ma fille. Je sortis
avec elle. La pauvre Nina avoit autant
besoin de consolation que son amant; elle
étoit toute en larmes. Nous fîmes quelques
pas dans le bois sans dire un mot; j'étois
moi-même trop émue pour pouvoir parler.
Quand je fus un peu calmée; je demandai

à ma fille si elle savoit le sujet de la peine du Chevalier. « Hélas! dit-elle, en redou-
» blant ses pleurs, je ne le sais que trop;
» mais c'est son secret, & je ne dois pas le
» révéler. — Je ne te presserai pas de me
» le dire, ma chère amie; mais je suis
» bien étonnée de voir qu'il y ait entre ma
» fille & le fils de mon amie, des secrets
» que l'on n'ose pas me confier. — Oui,
» maman, vous devez en effet être bien
» étonnée.... Vous le seriez encore plus
» si..... mais non..... je ne trahirai pas
» le Chevalier. Ah! il est assez puni de sa
» faute; je l'ai traité si durement..... »;

Nous approchions, sans nous en apperce-voir, de l'arbre indiscret. La pauvre Nina étoit si persuadée qu'il n'y avoit plus aucun inconvénient à ce que je le visse, qu'elle ne pensa pas à m'en détourner. Elle fut dans la plus grande surprise quand elle vit que les caractères n'étoient point effacés.
« Ah! le voilà, dit elle, le voilà ce fatal
» secret. Maman, ne grondez pas le Che-
» valier. Si vous l'aviez vu, comme moi,

» à genoux, pleurant, se repentant de sa
» faute; vous n'auriez pu lui refuser son
» pardon. Il ne croyoit pas, en s'amusant
» à graver ces caractères sur cet arbre, que
» nous les verrions jamais : il me l'a bien
» dit. C'est par hasard que je les ai décou-
» verts. S'il ne m'avoit pas empêché de les
» effacer, ils ne subsisteroient plus ». Pendant qu'elle parloit, je lisois au-dessous de
ce qu'avoit écrit M. d'Ermancour dans le
tems où il déploroit votre perte :

*O mon père ! ces caractères tracés de votre
main me rappellent ce tems si malheureux
pour vous, où, seul dans ce lieu désert, vous
désespériez de revoir votre tendre amie. Cette
idée me poursuit aujourd'hui plus vivement
que jamais. Je verrai bientôt, comme vous,
tous mes jours s'écouler loin de ce que j'aime ;
je n'aurai pas plus d'espérance, & bien
moins de consolation. Vous étiez aimé de
celle que vous regrettiez. Mais celle que
j'adore..... Mais ma charmante Nina.....
Ah ! je serai plus malheureux que vous.*

A peine avois-je fini de lire, que j'apperçus mon mari qui venoit nous rejoindre. Je courus à lui; Nina ne me fuivit pas; elle s'affit fous un arbre où elle rêva trifte- ment. Je demandai avec empreffement des nouvelles du Chevalier. « Je l'ai confolé, » me dit mon mari; c'eft un charmant » jeune homme; il eft digne de ma fille. » Il l'adore, & ce qui fait fon défefpoir, » c'eft qu'il eft comme tous les vrais amans » qui femblent fe plaire à imaginer tous » les obftacles qui pourroient traverfer leurs » defirs. Non-feulement il doutoit des fen- » timens qu'il peut avoir infpiré à ma fille; » mais il étoit bien perfuadé que nous ne » confentirions jamais à lui accorder la » main de Nina, pour l'emmener en » France; & il n'étoit pas moins convaincu » de l'impoffibilité d'obtenir l'agrément » de fes parens pour s'établir ici. Quand » même je ferois affez heureux, m'a-t-il » dit, pour obtenir ces précieufes faveurs, » ferois-je à la fin de mes peines. Ne faut-il » pas que je retourne en France? N'ai-je » pas des devoirs indifpenfables à remplir?

» Ah! je n'aurois pas dû me livrer au pen-
» chant de mon cœur ; je devois au moins
» le tenir secret. Votre aimable fille con-
» noît mes sentimens. Daignez me par-
» donner une faute que je me reproche,
» & ne m'ordonnez pas d'oublier la char-
» mante Nina. Non, lui ai-je répondu,
» je ne vous défendrai pas de l'aimer ;
» mais écoutez-moi.

» L'amitié qui nous lie, ma femme &
» moi, à vos dignes parens, nous a fait
» desirer, depuis la naissance de ma fille,
» de pouvoir quelque jour vous unir à elle.
» Je ne doute pas que Monsieur & Ma-
» dame d'Ermancour ne pensent comme
» nous à cet égard. Mais, comme vous le
» dites fort bien, mon cher ami, vous
» avez des devoirs à remplir. Il faut que
» vous retourniez en France ; il faut suivre
» l'état que vous avez choisi. Les progrès
» que vous y avez faits doivent augmenter
» votre émulation. D'ailleurs, vous êtes
» bien jeune ; vous n'avez pas vingt-deux
» ans, & ma fille n'a pas seize ans accom-

» plis. Réfléchiſſez, mon cher ami, &
» vous me direz ce que vous deſirez que
» je faſſe pour vous. Il eſt reſté quelques
» minutes la tête baiſſée ſans parler; en-
» ſuite il m'a dit, en me regardant triſte-
» ment. Ah! Monſieur Sping, je n'ai pas
» beſoin de réfléchir pour ſentir que vous
» êtes l'ami le plus généreux. Mais je deſire
» un titre plus flatteur. Vous avez ſouhaité
» unir mon ſort à celui de votre char-
» mante fille. Si vous êtes encore dans les
» mêmes diſpoſitions; ſi vous croyez que
» la belle Nina puiſſe conſentir ſans ré-
» pugnance à couronner un jour mes
» vœux, regardez-moi comme votre en-
» fant, & promettez-moi de m'en donner
» le nom. J'irai enſuite chercher les hon-
» neurs que vous ſemblez deſirer pour
» ma gloire. Oui, je m'éloignerai de votre
» charmante fille. J'irai loin d'elle..... Que
» cette loi eſt cruelle !...... Mais je m'y
» ſoumettrai. Puis-je vous nommer mon
» père? Puis-je eſpérer que Nina voudra
» bien à mon retour m'accorder ſa main?

» — Oui, mon enfant, oui, vous ferez
» mon fils : allez où le devoir & l'honneur
» vous appellent, & soyez sûr que vous
» obtiendrez la main de ma fille. O ciel!
» s'est-il écrié, en se jetant à genoux, en-
» tends cette promesse sacrée & exauce les
» vœux de l'amant le plus fidèle !

» Voilà, ma chère amie, me dit mon
» mari, où nous en sommes restés. J'ai
» quitté le Chevalier pour me soustraire à
» ses remercîmens ».

Un moment après, nous rejoignîmes
ma fille. Elle étoit avec le Comte de Lizadie. Mon mari, après l'avoir prévenue de
ce qui venoit de se passer, prit le Comte à
l'écart, pour lui communiquer les engage-
mens qu'il avoit contractés avec son neveu.

Je restai seule avec ma fille. Cette pauvre
enfant étoit pâle & tremblante : elle me
regardoit tristement sans prononcer un
mot. Je lui demandai si elle étoit fâchée
de la nouvelle que son père lui avoit ap-
prise. Elle se jeta dans mes bras en pleurant. « Tu m'étonnes, ma chère amie !

» De quoi t'affliges-tu ? Si le Chevalier
» d'Ermancour te déplaît ; si tu crois qu'il
» ne puisse pas faire ton bonheur ; les en-
» gagemens que ton père vient de prendre
» avec lui, seront nuls ; nous ne forcerons
» point ton inclination. — Ah! maman,
» je ne pourrai jamais me résoudre à vous
» quitter. — Tu ne me quitteras pas, ma
» chère amie : si ton mariage a lieu,
» nous ferons ensorte, Madame d'Erman-
» cour & moi, de ne point abandonner nos
» enfans : ce sont nos conditions ; je te
» parlerai une autrefois plus en détail de
» nos projets à cet égard. Voici le Cheva-
» lier, calme toi ». Elle se retira dans le
bois, tandis que j'allai à la rencontre de
votre aimable fils.

« Est-il bien vrai, dit-il en m'abor-
» dant, serez-vous assez bonne pour confir-
» mer les espérances flatteuses que M. Sping
» m'a données ». Je l'embrassai, en l'assurant
que rien ne pouvoit m'être plus agréable.
— «Puis-je espérer la même bonté de votre
» charmante fille, Madame ? Achevez,

mon

» mon bonheur, en me permettant de lui
» parler un moment. Je l'apperçois parmi
» ces feuillages, ajouta-t-il, en courant
» à elle ».

Ma fille étoit au pied d'un arbre, les
yeux attachés sur un livre que probablement elle ne lisoit pas. Le Chevalier s'assit
à ses côtés. Je me promenai à quelques
pas d'eux, & je ne perdis pas un mot de
leur conversation. « Êtes-vous informée,
» Mademoiselle, du bonheur que vos
» dignes parens me font espérer. Oui,
» Monsieur, lui répondit-elle, sans lever
» les yeux de dessus son livre, mes parens
» m'ont confié leurs projets ; je m'y con-
» formerai. — Ah ! ce n'est pas une obéis-
» sance froide & peut-être forcée que je
» demande de vous ! Non, le don de votre
» main, le titre de votre époux, tous ces
» avantages d'un prix inestimable à mes
» yeux, ne rempliront cependant pas mes
» vœux, si je n'ai l'espérance de posséder
» votre cœur. Je vais m'éloigner de vous,
» charmante Nina : des devoirs indispen-

» fables me rappellent en France ; me
» laisserez-vous partir sans espoir » ?

La nouvelle d'un départ dont ma fille
n'avoit pas encore entendu parler, & que
je ne savois pas moi-même, la surprit vivement. « Quoi ! dit-elle, en levant ses yeux
» humides de pleurs sur le Chevalier ;
» quoi ! vous partez pour la France ? Et
» depuis quand en avez-vous reçu l'ordre ?
» — Ce matin, Mademoiselle ; mon oncle,
» par ménagement pour moi n'a pas voulu
» m'en instruire plutôt. — Mes parens
» le savent-ils ? — M. votre père le sait.
» — Ah ! je suis sûre que maman l'ignore :
» on craint apparemment qu'elle ne s'y
» oppose ; mais je vais l'en instruire. Venez,
» dit-elle, en se levant ; venez M. le Che-
» valier ; allons lui apprendre cette fâcheuse
» nouvelle : j'espère..... » Elle s'arrêta en
prononçant ce dernier mot. « Vous espé-
» rez !...... Puis-je penser que vous serez
» sensible aux regrets cruels que je vais
» éprouver. — Venez auprès de maman.
» — Ah ! ce n'est pas votre maman qui

» doit décider de mon fort : vous feule
» pouvez d’un mot me rendre le plus heu-
» reux des hommes ou le plus infortuné.
» — Hélas ! que vous ferviroit-il d’ap-
» prendre que je vous aime, quand vous
» allez me quitter ».

Je me rapprochai d’eux dans cet inftant,
parce que j’entendis qu’on venoit à nous.
C’étoit le Lord d’Ourling, un ancien ami
de mon mari & de mon frère. Vous avez
dû le voir à Achem, dans le peu de tems
que vous avez paffé avec nous, en fortant
de votre Défert. Il me dit, en m’abordant, qu’il étoit venu nous furprendre avec
plufieurs autres perfonnes de notre connoiffance pour nous demander à fouper à l’hermitage.

Ma fille étoit reftée quelques pas derrière
nous pour cacher fon trouble. Votre fils,
enchanté de l’aveu qu’elle venoit de lui
faire, ne pouvoit contenir fa joie. Il parut à
toute la compagnie le jeune homme le plus
aimable. Les Dames fur-tout ne tariffoient
point fur fes louanges. Il faut le fixer ici,

difoit l'une d'elles à mon mari ; voilà, difoit l'autre, en regardant ma fille qui venoit à nous d'un air timide & un peu embarraffé ; voilà le lien qui doit nous l'attacher. Qu'elle eft belle, s'écria une ancienne amie de Madame Spring, qui avoit été abfente cinq ou fix mois ! elle embellit tous les jours. Qu'elle eft belle, répéta le Lord d'Ourling, avec un air d'enthoufiafme ! Qu'elle eft belle ! oui, c'eft le mot ; je prends plaifir à l'entendre répéter.

Ce Lord d'Ourling, ma chère amie, eft un homme fort aimable, mais très-fingulier : il aime ma fille à la folie ; il ne ceffe de le dire. Malgré la répugnance qu'il a toujours eue pour le mariage, il nous a fait demander fa main. Le refus que nous lui en avons fait, n'a point paru le fâcher ; mais depuis l'arrivée de votre fils, je le redoute un peu, & comme je crains fes obfervations, j'envoyai le Chevalier effacer ce qu'il avoit tracé fur l'arbre. A peine fût-il de retour que la compagnie fe répandit dans le bois. On lut avec empreffement les infcriptions qui vous regardent. Toutes les personnes qui étoient là, connoiffoient votre hiftoire, & plufieurs fe fouvenoient fort bien de vous avoir vue à Achem.

Le fouper que nous fîmes au milieu de cette fombre forêt, m'intéreffa d'autant plus que je comparois ce moment avec les triftes & longues années que M. d'Ermancour avoit paffées dans ce même lieu à vous regretter. Je me fentis attendrie jufqu'aux larmes. Je regardai alors votre fils. La même penfée l'occupoit. « Je vous
» ai bien entendue, Madame, me dit-il,
» en fortant de table, & le retour que
» j'ai fait fur moi - même, en penfant à
» l'abfence cruelle que je vais éprouver,
» m'a caufé la plus vive douleur. Mais
» votre aimable fille m'a laiffé croire qu'elle
» s'intéreffoit à mon fort, & je ne puis
» être tout-à-fait malheureux. J'empor-
» terai avec moi cette douce confolation ».

Nous nous entretenions ainfi, en nous promenant fur le bord de la mer. Ma fille qui étoit à quelque diftance de nous avec

une jeune perfonne de fes amies, vint en
courant, nous apprendre qu'on entendoit
dans le lointain des voix & de la mufique,
qui paroiffoient venir vers nous. Nous
vîmes en effet, paroître bientôt au clair de
la lune plufieurs barques remplies de monde.
Chacun s'empreffa de defcendre fur la
plage pour voir paffer ce joyeux cortège.
C'étoit le Roi avec toutes fes femmes : ils
alloient dans une de leurs maifons de campagne bâtie tout nouvellement dans une
île à quelques milles de l'endroit où nous
étions. Je ne crois pas vous avoir dit, ma
chère amie, que le Prince qui règne actuellement, n'eft plus le même dont j'eus
tant de peur en arrivant à Achem. Ce méchant Roi a été détrôné par fes fujéts, &
celui qu'ils ont couronné à fa place eft cet
honnête Affan - Effendi dont je vous ai
parlé autrefois. Il a confervé pour mon
mari & pour fa famille le même attachement qu'avant d'être fur le trône.

Les lumières qu'il apperçut de loin dans
la forêt, le furprirent. Il envoya un de fes

gardes pour s'informer de ce que c'étoit. Dès qu'il sut que M. Sping étoit sur la rive avec ses amis, il ordonna aux rameurs de rallentir leur mouvement, & fit avancer le navire qui le portoit jusque sur le bord du rivage où nous étions. Il salua toute la compagnie, & appella mon mari, en le priant de venir sur son bord. M. Sping se rendit à son invitation; il revint bientôt avec le Roi & quelques Seigneurs de sa suite. On s'empressa de couvrir les tables de fruits & de confitures. Mon mari offrit ces rafraichissemens au Prince qui les accepta de la meilleure grace, en invitant les Dames à se mettre à table avec lui. Il fit beaucoup de complimens à ma fille ». Elle » ressemble parfaitement à sa mère, disoit- » il à mon mari ; je crois, en la regardant, » voir encore la jeune Ninette dans la chau- » mière de la montagne Rouge ». Enfin, ce bon Prince, après avoir dit des choses agréables à tout le monde, se rembarqua sur sa chaloupe.

Nous partîmes aussi dans nos petites

barques pour aller nous repofer. Il étoit grand jour quand nous fommes arrivés chez nous. Adieu : je vous quitte, ma chère amie, pour me rendre au falon ; on m'avertit qu'il vient d'y arriver une compagnie qui m'attend.

Ce mardi, 5 Août.

Depuis près d'un mois je n'ai pas trouvé un moment pour m'entretenir avec vous. La fête du Défert m'a fort occupée ; enfuite le départ de votre fils. Cette féparation m'a beaucoup affectée. Et comment vous peindrai-je la profonde trifteffe où ma fille eft plongée? Les efforts qu'elle fait pour cacher fa douleur me déchirent l'ame. Le fourire forcé que l'on voit quelquefois paroître fur fes lèvres, pendant que fes larmes font près de couler, la rendent fi intéreffante, que fon père, fa gouvernante & moi ne pouvons la voir fans attendriffement.

Vous ai-je dit, ma chère amie, que

cette bonne gouvernante eſt madame Norton, l'ancienne intendante de la maiſon
de mon père qui s'en eſt privé pour moi ?
Il me l'a laiſſée à cauſe de ma fille. C'eſt elle
qui l'a élevéc. Elle l'aime comme ſi elle
étoit ſa mère. Nina l'aime auſſi & la reſ-
pecte. Si je n'étois pas raiſonnable, je ferois
même quelquefois jalouſe de la préférence
qu'elle lui donne ſur moi. On diroit qu'elle
a plus de confiance en elle. C'eſt avec cette
digne femme qu'elle pleure ſans contrainte
l'abſence de ſon amant. « Ah! ma bonne,
» lui dit-elle, ſi maman voyoit le déſeſ-
» poir où je ſuis plongée, ſi elle connoiſ-
» ſoit la foibleſſe de mon cœur, elle ne me
» pardonneroit pas mon découragement.
» — Et moi, Mademoiſelle, croyez-vous
» donc que je l'approuve ? — Non, ma
» bonne, je penſe bien que vous ne l'ap-
» prouvez pas. Hélas! vous me l'avez aſſez
» dit. Mais pourquoi me reproche-t-on
» l'intérêt que je prends à M. d'Ermancour;
» tout le monde ne le regrette-t-il pas ici ?
» Son abſence a répandu un air ſi ſombre....

» Et l'on me gronde quand on s'apperçoit
» que je suis inquiette. A combien de
» dangers cependant, n'est-il pas exposé ?
» eh ! que font le courage & la prudence
» contre la fureur des flots »!

Cette chère enfant passe une partie des
jours & des nuits à se pénétrer de ces tristes
idées. Madame Norton a pourtant trouvé
le moyen de calmer un peu ses inquiétudes,
& c'est au fruit de vos exemples & de vos
leçons, que nous devons ce changement.
Elle a inspiré à sa jeune élève les sentimens
religieux qui vous ont si souvent soutenue
dans vos malheurs. Nina a senti que le
secours du ciel pouvoit seul sauver son
amant des périls qui le menacent ; elle est
plus calme, quand elle a prié pour la con-
servation des jours de l'ami de ses parens ;
(c'est ainsi qu'elle nomme l'objet qu'elle
chérit). Hélas! ma chère amie, quand nous
avons desiré que nos enfans s'aimassent,
nous n'avons pas prévu la cruelle sépara-
tion qui les afflige aujourd'hui.

La veille du départ de votre fils, Nina,

pour n'être pas témoin de ses adieux, se retira beaucoup plutôt qu'à l'ordinaire. Je n'eus pas de peine à remarquer sur le visage du Chevalier, toute la douleur qu'il éprouva en la voyant sortir. Un soupir & quelques larmes qu'il ne put retenir, parurent le soulager. Il se remit un peu ; mais lorsqu'il fallut nous séparer : « Adieu, Madame, me » dit-il, je vais chercher à me rendre digne » de vos bontés, & mériter l'honneur de » vous appartenir ». Il se jeta dans les bras de mon mari, & sortit précipitamment, en pleurant amérement. M. Sping le suivit jusque dans son appartement, & ne le quitta que lorsqu'il l'eût un peu tranquillisé. Mais j'entends du monde qui m'arrive : adieu.

Ce jeudi, 10 *Août.*

Ma fille a été malade, ma chère amie ; c'est ce qui fait que je ne vous ai pas écrit depuis cinq ou six jours.

Cette pauvre enfant a eu trois accès de

fièvre affez forts pour m'inquieter ; mais heureufement cela n'a pas eu de fuite. Elle eft fans fièvre depuis deux jours ; il ne lui refte qu'un peu de foibleffe , & une trifteffe très-grande ; quoiqu'elle foit moins agitée que les premiers jours après le départ du Chevalier, elle n'en eft pas moins occupée de lui. Sa maladie m'en a fait découvrir de nouvelles preuves. Le premier jour qu'elle a été forcée de garder le lit, elle a beaucoup infifté pour obtenir, de fa bonne, la permiffion de fe lever. « Eh ! bien, lui » a-t-elle dit enfin, puifque vous m'em- » pêchez d'aller où je crois ma préfence » néceffaire, promettez-moi de me rem- » placer ».

Vous favez, ma chère amie, que M. Suple deffert la chapelle que mon père a fait bâtir dans notre Défert. Ma fille alloit y faire fa prière tous les matins depuis le départ de votre fils ; mais j'ignorois qu'elle eût commencé une neuvaine avec neuf petites filles qu'elle avoit choifies parmi les plus pauvres, & qu'elle avoit fait habiller à fes dépens. Ces enfans fe raffembloient chez M. Suple, & ma fille fe rendoit avec elles à la chapelle où ce bon Pafteur récitoit la prière des voyageurs que les enfans & Nina répétoient dévotement.

C'eft à cette pieufe cérémonie qu'elle pria madame Norton de la remplacer. J'arrivai dans fa chambre au moment où l'on difcutoit cette affaire. Je me chargeai de la commiffion ; j'allai trouver M. Suple, & je fis exactement tout ce que ma fille auroit fait à ma place.

A mon retour, la pauvre Nina ne favoit comment me marquer fa reconnoiffance. « Que vous êtes bonne, maman, me » difoit-elle, & que votre jeune ami auroit » de joie, s'il connoiffoit comme moi votre » attachement pour lui ! Ah ! j'efpère qu'il » fera un heureux voyage ; nos vœux feront » exaucés. Oui, fes refpectables parens le » prefferont encore dans leurs bras. Hélas ! » je penfe qu'ils font bien impatiens de le » revoir ». Enfin, elle étoit fi animée par le fentiment de fon amour, & peut-être aussi par la chaleur de la fièvre, que j'eus beaucoup de peine à l'empêcher de parler. Elle eut ce jour-là un violent accès ; mais le lendemain matin elle étoit presque sans fièvre. Je la trouvai occupée à parcourir une carte géographique qui étoit étendue sur son lit.

« Maman, me dit-elle, je voyage avec » le Chevalier : voyez, il doit être là à pré-» sent ; (en me montrant avec le doigt un » endroit marqué de la main de votre fils). » C'est ici qu'ils ont dû s'arrêter pour » prendre des rafraîchissemens ». Toute la route étoit indiquée jour par jour depuis Batavia où le Chevalier s'est embarqué, jusqu'au Havre où il doit descendre.

Cette carte, & des promenades sur la mer, voilà son unique plaisir & sa seule occupation. Elle a abandonné tous ses amusemens, pour se livrer entièrement à ce qui a rapport au voyage de votre fils. Il me paroît que les promenades sur l'eau lui font beaucoup de bien, soit par le plaisir qu'elle trouve à se voir sur le même élément que

celui qui porte son amant, ou que réellement l'air de la mer lui soit favorable ; elle
en revient toujours plus gaie ; elle en fait
deux chaque jour, une le matin, & l'autre
l'après - dînée. Je l'accompagne souvent,
ainsi que mon mari ; mais ce matin elle
est allée seule avec sa bonne & deux domestiques. L'heure où elle rentre ordinairement étant passée, je vais voir ce qui cause
ce retard. Adieu, ma bonne amie.

Ce jeudi, 18 *Août.*

Ah ! ma chère amie, je me jette dans
vos bras pour avoir quelque consolation.
Depuis huit jours je suis dans le désespoir.
Ma fille.... Hélas ! comment vous raconter
ce malheureux événement ? Je l'ai perdue
cette fille chérie qui faisoit tout mon
bonheur. Des monstres plus féroces que
les tigres & les lions de nos bois, me l'ont
enlevée. Ils ont arraché cette innocente
créature du sein de sa famille, pour la mettre
au nombre de leurs vils esclaves, & la faire

servir à leurs honteux plaisirs; c'est au moins ce que l'on cherche à nous faire croire; car celui qui est soupçonné d'avoir commis ce cruel attentat est le dernier auquel nous aurions pensé.

Les promenades que ma Nina aimoit tant à faire sur l'eau, ont causé sa perte. La dernière fois que je vous ai écrit, je vous quittai promptement, parce que j'avois quelque inquiétude, de ce qu'elle n'étoit par rentrée à l'heure ordinaire. Je la cherchai dans toute la maison : je me rendis chez sa nourrice, la bonne Marie du Désert, chez qui elle alloit quelquefois au retour de ses promenades. Le mari de cette femme qui étoit toujours le gondolier de Nina & les deux domestiques, qui l'avoient accompagnée, arrivèrent pendant que je questionnois Marie. L'air morne avec lequel ils m'abordèrent m'annonça mon malheur. Je ne doutai pas que ma pauvre Nina ne fût noyée. Je tombai sans connoissance. Il me rappellèrent à la vie en m'apprenant que ma fille n'avoit pas péri, comme je

le

le croyois. « Elle a été enlevée, me dirent-
» ils, avec Madame Norton, par plusieurs
» hommes masqués qui font accourus du
» côté de la forêt, voisin de l'hermitage
» où elle faisoit toujours arrêter la gondole
» quand elle étoit seule ». Les ravisseurs
avoient pris la précaution de mettre un ban-
deau sur les yeux du gondolier & des deux
domestiques ; ils les avoient fait monter
sur une petite barque, & ils les avoient
conduits sur la plage, à peu de distance de
notre maison.

L'espérance de retrouver ma chère enfant
me ranima. J'envoyai promptement chercher mon mari qui étoit à la ville ; je fis
partir tous mes gens sur des barques &
dans des chaloupes pour courir après celle
qui emportoit ma fille : mon mari parcou-
rut aussi les bords de la mer jusqu'au soir ;
mais quelques recherches que nous ayons
faites, nous n'avons appris aucune nouvelle.

Nous soupçonnons que les hommes masqués ont été envoyés par le Roi ou par
quelqu'un de ses Ministres. Ce qui paroît

presque démontré, c'est que ma fille est dans une maison de campagne où le Roi a son sérail, & auprès de laquelle ses Ministres ont aussi les leurs. Pour moi je me refuse toujours à croire que ce soit le Roi qui nous ait fait un si cruel outrage. Mon mari est parti hier pour se rendre à la nouvelle île où la Cour réside actuellement. Il n'est pas revenu : je l'attends à toute heure. Je suis dans une agitation terrible : le moindre bruit que j'entends me fait tressaillir. Ma main tremble si fort que je peux à peine former mes lettres. Et ma tête! Ah! mon dieu, quel trouble! Ma belle-mère & une de mes amies sont ici avec moi ; je vais les rejoindre. Adieu : je ne sais pas ce que je vous apprendrai demain.

(La correspondance de Madame Sping avec Madame d'Ermancour fut interrompue par une maladie longue & cruelle que la perte de Nina fit éprouver à sa mère ; mais des lettres de M. Sping vont apprendre la suite des tristes nouvelles qu'on vient de lire).

Lettre de M. Sping à son beau-père, Milord Harture.

26 *Août.*

Nous sommes ma femme & moi dans la plus grande affliction. Je crains de déchirer votre cœur tendre & sensible, en vous disant que c'est la perte de votre petite-fille que nous pleurons. Des barbares que nous ne connoissons pas encore, nous l'ont enlevée. Oui, Milord, on a arraché de nos bras cette fille chérie qui faisoit le bonheur de sa mère & le mien. Cet événement a répandu un deuil général dans notre maison & parmi toutes les personnes de notre connoissance. Leur tendre intérêt nous fait mieux sentir le prix de l'objet que nous regrettons. Ma femme dont vous connoissez la sensibilité & l'attachement pour sa fille, n'a pu se la voir ravir, sans éprouver les plus vives douleurs. Son désespoir a manqué de lui être funeste. Une fièvre ardente qui a duré plufieurs jours, m'a fait trembler pour fa vie. Heureufement elle eft hors de tout danger. Je m'empreffe de vous l'apprendre pour prévenir vos inquiétudes.

J'efpère que cette tendre mère ne fera pas privée pour toujours de fon enfant, & que je jouirai bientôt du plaifir de les preffer toutes deux dans mes bras. Uniffez-vous à nous pour découvrir la retraite où l'on tient renfermée notre chère Nina. Je fuis bien sûr du zèle & de l'activité que vous allez mettre dans la recherche des coupables qui nous l'ont enlevée. Si nos conjectures font vraies, on l'a menera à Londres ou dans quelque campagne voifine de cette capitale. Sans le tems que j'ai perdu à la chercher dans les maifons de plaifance du Roi, où l'on croyoit qu'elle étoit, j'aurois pu la découvrir dans le port d'Achem où probablement fes raviffeurs l'ont conduite pour la faire embarquer fur quelque bâtiment prêt à partir. Mais ceux qui caufent notre défefpoir ont été affez lâches pour accufer des innocens du crime dont ils font eux-mêmes coupables. On difoit prefque tout haut dans la ville que le Roi ayant vu ma fille dans une fête que j'ai donnée à l'Hermitage, en étoit devenu amoureux, & qu'il l'avoit enlevée pour la mettre dans fon férail. Nous avons d'abord rejeté des foupçons fi injurieux pour un ancien ami qui nous avoit donné tant de preuves d'attachement ; mais cédant aux nouveaux bruits qu'on s'efforçoit de répandre & qui accufoient fes Miniftres, je fuis allé dans l'île nouvelle où le Prince réfide avec toute fa cour. J'ai demandé à parler au Roi ; je me fuis jeté à fes pieds, en lui difant qu'il voyoit devant lui un père infortuné qui venoit implorer fa protection contre les ravifleurs de fa fille.

Ce bon Prince a paru dans la plus grande furprife. « Quoi ! M. Sping, a-t-il dit, » en me faifant relever & en m'embraffant, » on a enlevé votre charmante fille ? Ah ! » malheureux père ! que je partage bien » fincèrement votre douleur & celle de

» votre digne épouse ! Que puis-je faire
» pour vous aider à retrouver celle que
» vous avez perdue ? Nommez-moi les
» coupables. Seroient-ils dans ma cour? Je
» ne suis ni cruel ni injuste ; mais j'abat-
» trois de ma main la tête du perfide qui
» auroit commis un si cruel attentat ». Je me
me suis prosterné une seconde fois à ses
pieds. « Pardon, Seigneur, lui ai-je dit ;
» j'ai craint que ma malheureuse fille ne
» fût au nombre des jeunes esclaves qu'on
» envoie à votre majesté, & j'ai osé es-
» pérer qu'elle daigneroit faire faire des
» recherches dans son palais. — Vous n'en
» croirez que vos yeux, m'a répondu ce
» bon Prince. Je vais donner des ordres
» pour que l'on vous ouvre les apparte-
» mens qui renferment mes femmes, &
» commander à tous mes Ministres de vous
» donner la même facilité pour entrer
» dans leurs férails. Et se tournant vers
» un Officier de ses Gardes, conduisez
» M. Sping, lui a-t-il dit ; si l'on trouve
» sa charmante fille, qu'on la lui rende

» fur le champ , & que l'on amène fon
» ravifleur devant moi ». Nous fommes
allés en effet dans tous les appartemens
des femmes ; mais parmi toutes ces jeunes
beautés , je n'ai pas trouvé celle que je
cherchois.

Non , Milord , elle n'eft pas fi près de
nous. Des avis anonymes que nous avons
reçus depuis deux jours , nous avertiffent
de nous défier du Lord d'Ourling : c'eft
lui que l'on accufe de l'enlèvement de ma
fille. Pour mieux cacher fon jeu , nous
dit-on , il n'a pas quitté la ville d'Achem ;
il a même eu l'audace de fe préfenter plufieurs fois chez vous ; mais depuis qu'il
fait qu'on le foupçonne , il ne fort plus de
fa maifon. Il s'embarquera fur le premier
vaiffeau qui partira pour l'Europe, & dans
ce cas , ajoute l'anonyme , il fuivra de
près celui qui conduit votre fille à Londres.

Je ne doute pas que cet avis ne foit
bien fondé. Il n'y a que le Lord d'Ourling capable d'une entreprife auffi témé-

raire. Il aime ma fille : il nous a fait demander sa main par un ami commun. Le refus que nous lui avons fait l'a mortifié, & l'arrivée du jeune d'Ermancour a achevé de le désespérer. Plusieurs personnes ont remarqué qu'il ne pouvoit en entendre dire du bien sans se fâcher. Toutes ces raisons & d'autres encore que je ne peux vous exposer ici, nous autorisent à croire que les avis de l'anonyme sont bien fondés ; mais je n'ai point de preuves assez claires pour faire arrêter ce Lord juridiquement. Cependant j'ai cru pouvoir lui demander raison des bruits qui couroient sur son compte. Je n'ai pu le rencontrer nulle part, & toutes les fois que je me suis présenté à sa porte, on m'a toujours dit qu'il n'étoit pas chez lui.

Voilà, Milord, où nous en sommes. Faites de votre côté les recherches convenables, & sur-tout ne manquez pas d'envoyer des gens sur lesquels vous puissiez compter, dans tous les ports d'Angleterre & de France. J'espère qu'avec ces précautions & le secours du Ciel, nous sauverons notre chere enfant du péril où elle est exposée. Ce sera probablement le même vaisseau qui vous portera ces nouvelles, qui conduira aussi le ravisseur de ma fille. J'écris à ma sœur Sophie; je me flatte que son mari ne sera pas le moins empressé de nos parens à nous servir, non plus que M. London & sa femme, mon autre sœur. Joignez-vous tous à nous, mes chers parens & amis; venez tous à notre secours. Dès que ma femme sera en état de soutenir le voyage, nous irons chercher parmi vous des consolations & des nouvelles de notre enfant.

Je suis,

Milord & très-honoré père,

Votre, &c.

(Nous allons voir maintenant les Lettres de Nina à ses parens. Elles forment le journal de sa vie, depuis l'époque de son enlèvement. C'est elle qui va nous apprendre sa malheureuse histoire).

Lettre de Nina à sa mère, datée d'un pays qu'elle ne connoît pas.

Ce 25 Août, quinzième jour de mon malheur.

Quoi ! il y a quinze jours que je ne vous ai vue, ma tendre maman, & je ne suis pas morte ! J'existe encore, & je ne sais pas si vous existez vous-même ! Ah ! si l'espérance de vous revoir ne me soutenoit, si les tendres soins & les consolations que je reçois journellement de la bonne madame Norton, ne m'aidoient à supporter la vie, j'aurois cherché à abréger mes jours ; mais je suis plus tranquille à présent. Le plaisir que j'éprouve en vous écrivant, me ranime ; l'espérance où je suis de pouvoir vous faire passer cette lettre, semble me rapprocher de vous & de mon papa. Je vous vois tous deux très-affligés de ma perte ; vos larmes déchirent mon cœur ; mais lorsque je pense que je vais

calmer vos inquiétudes, j'oublie les peines
cruelles que j'ai senties, & même celles
qu'un avenir incertain me prépare. Ah !
que je bénis de bon cœur l'ame honnête
& généreuse qui me procure cette vive
satisfaction. Quand vous lirez cet écrit,
mes chers parens, voyez-moi à vos pieds
vous demandant pardon d'avoir contribué
à notre malheur commun. Je me rappelle
avec douleur, maman, que le jour même de ma malheureuse catastrophe, vous
souhaitiez que je n'allasse pas seule faire
cette promenade sur l'eau, qui m'a été
si funeste. Il sembloit que vous prévoyiez
ce fatal événement. « Ma bonne amie,
» me disiez-vous, va plutôt aujourd'hui
» dans ton petit jardin du désert avec
» madame Norton : je serai plus tranquille ». Et je n'ai pas cédé à ce tendre
desir ! Ah ! je ne me plaindrois pas d'être
la victime de ma faute, si elle ne vous
rendoit pas aussi malheureuse que moi.

Je dois pourtant vous rassurer, en vous
apprenant combien je suis ici considérée,

honorée & respectée. Il est vrai que je ne connois pas la maison où je suis, ni les gens qui demeurent avec moi ; je ne sais pas le nom du pays où nous sommes ; ma bonne Norton n'en sait pas davantage ; & nous ignorons aussi par qui nous y avons été conduites.

Nous y sommes arrivées, au bout de six jours de navigation. On n'y parle pas notre langue : les seules personnes qui nous entendent, sont celles qui nous ont amenées, & une Dame qui habite avec sa fille le château dans lequel on nous tient renfermées. Nos ravisseurs étoient masqués dans le moment de notre enlèvement. Malgré cela madame Norton crut reconnoître un des six qui nous ont accompagnées, & depuis quelques jours, elle est sûre de ne s'être pas trompée. C'est un homme qu'elle a vu dans sa jeunesse chez le pere du Lord d'Ourling. Cette remarque vous fera penser que c'est ce méchant Lord , que mon pere croyoit son ami , qui m'a précipitée dans le péril où je suis. Mais pourquoi ne l'ai-je pas vu depuis mon arrivée, ni pendant notre route ? Que veut donc faire de nous cet homme cruel ? Le domeſtique que madame Norton a reconnu ne veut nous rien apprendre. Il convient de la lâcheté qu'il a eue de ſe prêter à ſervir les intentions de l'homme qui m'a fait enlever ; mais il ne veut pas le nommer. Il dit qu'il a juré de garder ſon ſecret, & qu'il ne ſera point parjure. C'eſt cependant ce même homme qui ſe prête à ce que nous deſirons de lui : il s'eſt chargé de vous faire remettre cette lettre. Il me promet qu'elle vous ſera rendue dans une quinzaine de jours ; mais il cache auſſi la manière dont il s'y prendra pour vous la faire parvenir. Je craindrois beaucoup qu'il ne nous trompât, ſi madame Norton ne me raſſuroit ſur ſon compte. Elle dit qu'il a été trompé lui-même ; que lorſqu'il s'eſt engagé à conduire une jeune Dame dans ce château, il ne ſavoit pas que c'étoit une jeune perſonne innocente

& vertueufe , que l'on enlevoit à fes parens. « Madame Norton , a-t-il ajouté , » je tâcherai de réparer mes torts : je rif- » querois même ma vie, pour fauver votre » maîtreffe du péril où elle eft expofée. » Il s'appelle Atquentil.

Malgré tout ce que je me reproche , maman, je compte fur votre indulgence & celle de mon tendre père. Oui, vous m'avez déja pardonnée. Il me femble que vous me le prouvez , en me ferrant dans vos bras. Cette confolante illufion fait couler mes larmes & foulage mon cœur. Quand pourrai-je goûter réellement ce dé- licieux plaifir ? Quand pourrai-je raffurer toute ma famille que j'afflige ? Que diront mes bons parens de Londres , quand ils apprendront mon malheur ? Et vos amis du château d'Ermancour ? Et ce malheu- reux Chevalier qui court les mers, & qui me croit heureufe auprès de vous ? Ah ! maman, il fembloit prévoir notre difgrace, en me faifant fes derniers adieux. Il ne pouvoit quitter le lieu d'où il me voyoit à ma fenêtre. Oui, maman, je l'ai vu partir ; je crois vous en devoir faire l'aveu. Je le lui avois promis, en me retirant le foir ; j'avois confenti à lui donner cette dernière preuve de ma tendreffe. Hélas ! je n'aurois pu m'empêcher de regarder à ma fenêtre. Le bruit des chevaux que j'ai entendus dès la pointe du jour, m'a fait treffaillir. Ce moment que je redoutois m'a pénétrée de douleur. J'ai couru à la fenêtre, quand j'ai entendu fa voix. Je l'ai vu à genoux ; il imploroit le ciel pour ma confervation. « Grand Dieu, difoit-il, conferve ton plus » bel ouvrage, veille fur les jours de cet » ange charmant qui doit faire mon bon- » heur & ma gloire. Adieu, adorable Nina » a-t-il ajouté, en levant les yeux fur » moi. Je fens tout le prix de la faveur » que je reçois aujourd'hui ; mais je » pourrois en obtenir encore une qui » comblera mes vœux. J'ai ofé vous écrire » a-t-il dit, en me montrant une lettre.

» Si vous refusez de lire cet écrit, si
» vous ne consentez pas à me jeter un
» ruban avec lequel j'attacherai ce billet
» que vous retirerez ensuite, je partirai
» désolé. » J'ai refusé d'abord, j'ai beaucoup hésité, & je me suis déterminée enfin
à recevoir ce billet. Je l'ai lu. Mais ce
n'est pas tout, maman; j'y ai répondu.
Vous me blâmerez sans doute; mais je suis
si malheureuse à présent, que je ne veux
plus rien garder sur mon cœur. Hélas! je
ne vous entendrai peut-être jamais me
pardonner mes torts. Comment puis-je espérer de vous revoir? Je ne puis sortir de
l'endroit où je suis, & vous ne pouvez
m'y venir chercher. Vous ne connoissez
pas le lieu où l'on me tient captive, & je
ne puis vous l'indiquer. Sais-je seulement
si vous recevrez cet écrit! Non, je ne sais
rien, sinon que je suis loin de vous. Cette
idée me décourage & me désespère. Ah!
grand Dieu! viens à mon secours; prends
pitié de mon sort; console mes tendres
parens;

parens ; ne permets pas qu'ils fuccombent aux regrets de ma perte. Je fonds en larmes, en vous difant adieu.

On demande ma lettre. Le bon homme Atquentil vient nous avertir qu'il a trouvé une occafion de la faire partir. Adieu, mes chers parens ; donnez-moi votre bénédiction ; béniffez-moi tous deux. Je me mets à genoux ; je m'incline profondément pour recevoir les témoignages facrés de votre bonté paternelle. Dites à M. Suple que je me recommande à lui ; je compte qu'il ne m'oubliera pas dans fes prières. Ah ! fi je peux apprendre de vos nouvelles par vous même , je regarderai cette faveur comme un don du ciel & un bon augure pour l'avenir. Madame Norton me preffe de donner ma lettre. C'eft une bonne & fincère amie qui me refte. Hélas ! je n'ai plus qu'elle au monde.

Le premier Septembre.

Il y a fix jours que ma lettre eft partie.

D

Vous la recevrez peut-être demain, ma chère maman. En attendant le retour de celui qui doit me rapporter votre réponse, je vais, pour abréger un tems qui, cependant, me paroîtra bien long, m'entretenir avec vous. Je suis plus instruite que je ne l'étois la semaine dernière. Je connois le lieu où l'on m'a conduite, & le nom du méchant homme qui m'y tient renfermée. C'est le Lord d'Ourling. Il a ici une habitation considérable. Le régisseur qui est à la tête de cet établissement a conté à madame Norton ce que je vais vous dire. Nous sommes dans la presqu'île de Malaca, tout proche de la ville capitale de ce nom ; elle appartient aux Hollandois, ainsi que vous le savez. Le château que nous habitons est près du port. Fasse le ciel que cette indication puisse vous faciliter les moyens de me délivrer de la triste prison où je gémis ! mais je ne sais pas quand je trouverai une occasion favorable pour vous faire passer ma lettre. Cependant le tems presse ; je suis

menacée de voir bientôt arriver mon per-
sécuteur.

Toutes les personnes qui sont ici, même
la Dame qui demeure dans ce château,
croient que je suis la femme du Lord
d'Ourling. C'est sous ce titre qu'il m'a an-
noncée. Il a eu l'audace d'écrire au régisseur
qu'il m'envoyoit dans cette retraite, pour
m'éloigner & me distraire d'une inclination que j'avois formée avant mon mariage
avec lui. Quel fourbe! & comment le ciel
laisse-t-il subsister une aussi méchante créature? Et comment soutiendrai-je la présence de cet homme abominable dont je
ne puis prononcer le nom qu'avec horreur?
Je presse, je sollicite madame Norton de
nous sauver à quelque prix que ce soit :
elle le desire autant que moi ; mais toutes
les tentatives que nous avons faites jusqu'ici,
ne nous ont pas réussi. Elle a écrit une lettre
au Gouverneur de la Ville. Personne ne
veut se charger de la lui remettre. J'im-
plore souvent la protection de la dame Ca-
lirée, (c'est le nom de la maîtresse du châ-

teau). Elle vit avec nous; elle ne nous quitte presque pas; elle s'attendrit quelquefois sur mon sort, mais elle finit toujours par me dire, qu'elle ne peut rien faire pour moi, qu'elle est malheureuse elle-même, & que je la plaindrois si je savois son histoire. Notre ami Atquentil est à la ville auprès de ses enfans & de sa femme qui est maloise.

Le régisseur est un gros Hollandais qui a bien fait ses affaires. On assure qu'il est très-riche. Il se nomme Van - Burler. Il a demandé plusieurs fois la permission de me voir; mais madame Norton l'a toujours refusé, & je l'ai approuvée. Je ne sors pas de ma chambre : nous nous défions de tous les gens qui nous environnent. Quelle cruelle situation! J'oubliois de vous dire qu'il y a un Evêque à Malaca, & que madame Norton cherche les moyens de lui faire savoir le besoin pressant que j'ai de sa protection, pour me tirer du péril dont on me menace.

Le 3 Septembre.

Ce pauvre Chevalier & son oncle que nous croyions bien loin sur la mer.... Hélas ! maman, comment vous apprendrai-je le malheur qui leur est arrivé ? Ils ont fait naufrage dans le détroit de Malaca. Le vaisseau a touché contre un rocher ; il s'est brisé , & presque tout l'équipage a été englouti dans les flots. Le Chevalier d'Ermancour est sauvé ; mais le Comte de Lizadie a péri. Je joins mes larmes à celles que la perte de ce digne parent vous fera répandre. On dit que son neveu est inconsolable. Il a risqué dix fois sa vie pour sauver celle d'un oncle qu'il aimoit comme son père. Je crains d'augmenter votre douleur, en vous apprenant qu'il a eu la jambe cassée dans son malheureux accident. On l'a porté sur des matelas & avec un brancard, jusqu'à la ville de Malaca. L'Evêque l'a logé chez lui. Il est, à ce que l'on dit, traité avec tous les égards possibles. Le chirurgien du vaisseau en prend soin. Le bon Atquentil a raconté toutes ces nouvelles à madame Norton, sans savoir l'intérêt qu'elle prend au Chevalier, & elle l'a laissé dans cette ignorance, jusqu'à ce qu'elle puisse exécuter ce qu'elle vient d'imaginer pour nous sauver.

Je suis, maman, dans une agitation que je ne peux vous peindre. L'idée de savoir le Chevalier près de moi, sans pouvoir m'informer de son état ni lui apprendre celui où je me trouve, le projet de ma fuite, & la crainte de voir arriver à tout moment l'homme que je déteste, ont rempli mon ame de trouble & d'inquiétude..... Ah ! mon Dieu, j'entends un grand bruit sur le port ; je vais voir ce que c'est.

Je reviens à vous, maman. Heureusement ce n'est pas ce que je craignois. Non, le Lord d'Ourling ne peut pas être dans le vaisseau que je viens de voir entrer dans le port. Madame Norton a sçu que c'étoit un vaisseau Français qui ne s'arrête

ici que pour prendre des rafraîchiſſemens.
Dieu ſoit loué ! Je vais continuer mon
récit. Hélas ! je ne ſais plus où j'en étois.
Mais j'entends bien du mouvement dans
la maiſon. Quoi ! on force les portes ; on
entre : ah ! je ſuis perdue.

Ce 22 Septembre.

Il y a huit jours que j'étois dans une
grande détreſſe. Heureuſement vous ne
m'avez pas vue dans ce moment d'effroi.
Ah ! maman, comment croirez-vous ce
que je vais vous raconter. J'en doute encore quelquefois moi-même. Ce ſont vos
meilleurs amis qui viennent de me ſauver
du péril où j'étois.

Rappellez-vous , maman, que je me
crus perdue , quand j'entendis ouvrir bruſ-
quement la porte de ma chambre. Je n'o-
fois lever les yeux ſur un homme que je
vis entrer précipitamment & s'avancer vers
moi. Mais bientôt ſa voix, que je crus
reconnoître , me donna le courage de

D 4

fixer mes regards fur lui. Comment peindre le trouble & le raviffement que j'é-
prouvai , en voyant près de moi mon
oncle Sir George. « Raffure-toi, ma chère
» amie, me dit-il ; je viens t'arracher de
» l'efclavage où l'on te retient ». A peine
l'entendis-je. J'étois fi fort agitée , & mon
faififfement étoit fi violent , que je perdis
connoiffance. On fe hâta de me porter
à bord de ce même vaiffeau que je venois
de voir arriver. Ah ! Dieu , je n'avois
garde de croire alors que ce bâtiment
renfermoit une partie de mes parens &
de mes meilleurs amis. Quand je r'ouvris
les yeux, je me vis dans les bras de ma
tante Sophie, l'époufe de mon libérateur.
J'apperçus en même tems une Dame en
grand deuil occupée à me faire refpirer
des fels. Je n'ofe vous dire, maman, que
c'étoit votre tendre amie , la Comteffe
d'Ermancour. Son cœur eft défolé. Elle a
perdu l'époux qu'elle adoroit. Je vois couler vos larmes : je pleure avec vous ce
digne ami. Ah ! combien, en quittant la

vie , il a dû regretter fon époufe chérie ,
que je ne peux voir ni entendre , fans
me fentir pénétrée de la plus vive admi-
ration.

Quand fes foins m'eurent rappellée à
la vie , je la remerciai, fans la connoître.
Son air noble & touchant m'avoit prévenue en fa faveur. « Ah ! difoit-elle , en
» me preffant contre fon cœur , voilà
» donc la fille de mon enfant ! C'eft ma-
» dame d'Ermancour qui vous embraffe ,
» me difoit en même tems mon oncle ».
A ce nom, je redoublai mes careffes ; je
mêlai mes larmes aux fiennes. Elle m'ap-
prit , en fanglotant , la perte qu'elle avoit
faite , & elle me montra les reftes de
l'objet cher & facré qui faifoit couler fes
pleurs. Elle a renfermé dans une boîte
d'or le cœur de fon époux. « Voilà tout
» ce qui me refte de lui », dit-elle , en
me montrant cette boîte enveloppée d'un
crêpe noir. Je me jetai à genoux, & in-
clinée auprès de cette trifte repréfenta-
tion , je priai l'Être fuprême de recevoir

dans le sein de sa miséricorde, l'ame pure & vertueuse de celui que nous regrettions. J'implorai aussi à voix haute les graces célestes pour la consolation de votre malheureuse amie. Elle étoit à genoux près de moi ; son air étoit animé ; elle avoit les mains jointes, & les yeux attachés alternativement sur la boîte & sur moi. Elle sembloit regretter douloureusement de ne pouvoir partager avec son époux, le plaisir d'embrasser l'enfant de leur plus tendre amie. Entraînée par le même sentiment, je portai mes lèvres avec une sorte de respect religieux, sur cette boîte qui renfermoit un cœur si digne de tous mes hommages.

« Ah ! ma chère amie, me dit ma
» dame d'Ermancour, que tu as bien de
» viné les sentimens que j'éprouve ! ....
» S'il n'a point entendu mes soupirs, ni
» tes tendres prières, le souverain Être
» les a reçus favorablement. Mon époux
» jouit maintenant d'un bonheur que
» rien ne peut troubler. Calme-toi ,

» sèche tes pleurs; je ne veux plus te voir
» dans cet excès de tristesse. Viens m'ap-
» prendre des nouvelles de tes parens &
» de mon fils. Hélas! je comptois le trou-
» ver encore à Achem avec son oncle ».

On m'interrompt, maman; je suis obligée de vous quitter; mais ce ne sera pas
pour long-tems; car j'ai encore bien des
choses à vous dire. Dès que je trouverai
l'occasion de vous envoyer cette lettre, je
la ferai partir, afin que vous soyez instruite de tout ce que nous ferons ici.

Ce 23 Septembre.

Je ne sais pas encore si vous avez reçu
mes premieres lettres, maman. Je n'entends point parler du messager qui a dû
vous les remettre. Vous recevrez du moins
celle-ci & la dernière que je vous ai écrite;
car elles seront portées par des gens dont
je suis sûre.

Sir George vouloit aller lui-même vous
donner de nos nouvelles; mais nous l'a-

vons engagé à rester jusqu'à ce que madame d'Ermancour soit instruite de l'accident de son fils, du lieu où il est, & de la mort de son beau-frère, le Comte de Lizadie. Mais on veut qu'elle n'en soit informée, que lorsqu'on aura pu prévenir son fils de son arrivée, & qu'il sera en état de la recevoir. Il va bien, quoiqu'il soit encore foible & souffrant.

Madame d'Ermancour desire vivement d'être auprès de vous, maman. Elle demande tous les jours pourquoi nous ne partons pas. On lui répond que le vent n'est pas favorable, & elle ne réplique point. Quelle est bonne & douce, cette vertueuse femme ! & comme elle paroît résignée à tous les événemens ! Elle semble ne craindre que les malheurs qui peuvent affliger ses amis ; elle contraint sa douleur, & nous cache ses larmes. Dès qu'elle nous voit, ma tante & moi un peu rêveuses, elle cherche à nous distraire. « Allez, mes enfans, nous dit-elle, » allez vous égayer dans les jardins ; la

» promenade vous fera du bien & à moi
» aussi, parce que je partagerai votre sa-
» tisfaction ».

Mais en vous peignant l'aimable caractère de votre amie, je ne pense pas,
maman, que vous le connoissez mieux
que moi, & j'oublie que je ne vous ai
encore rien dit du lieu que nous habitons depuis notre sortie du vaisseau.

Nous sommes dans une maison de campagne à deux milles de Malaca. Elle appartient à l'Evêque qui nous y a conduites lui-même, & qui a soin de nous donner plusieurs fois par jour des nouvelles
de notre malade. D'ailleurs, Sir George,
votre aimable frère, va tous les matins
à la ville. Quoiqu'il ne voye pas M. d'Ermancour, il fait son état, comme s'il
étoit toujours auprès de son lit. Les Médecins & les Chirurgiens assurent que le
Chevalier pourra recevoir dans trois jours,
la visite de sa mère & celle de ses amis.

Ah ! maman, quand je pense à cette
triste réunion de la mère & du fils, je

fuis penétrée de douleur. Nous parlons souvent , ma tante & moi , de cette cruelle entrevue qui va déchirer le cœur de la plus tendre épouſe & de la meilleure des mères. Je tremble auſſi lorſque je penſe à tout ce que le fils va éprouver , en apprennant la mort de ſon père qu'il adoroit , & dont il étoit l'ami le plus intime.

Mais , pour faire diverſion à cette idée, je vais vous dire , maman , par quel miracle j'ai été tirée de ma priſon. Ma tante , en me racontant le ſujet de ſon voyage , vient de me dire auſſi par quel heureux hazard ſon vaiſſeau s'eſt arrêté près de l'appartement où j'étois renfermée. « A » la premiere nouvelle de la mort du » Comte d'Ermancour , m'a - t - elle dit , » nous ſommes partis de Londres , mon » mari & moi , pour aller conſoler ſa » malheureuſe veuve. Nous l'avons trouvée dans ſon lit preſque mourante. Je » ne vous affligerai point, a-t-elle ajouté , par le récit de cette triſte entre-

» vûe. Je passe rapidement au moment
» où cette femme si intéressante nous fit
» appeler dans sa chambre mon mari &
» moi. Elle nous communiqua le projet
» qu'elle avoit formé de retourner dans
» son désert, pour y finir ses jours dans
» les bras de sa Ninette ». *Je n'ai plus
rien ici qui m'attache à la vie , nous dit-
elle ; je ne peux plus souffrir les lieux où
j'ai perdu ce que j'avois de plus cher au
monde. Tous les objets qui m'entourent ,
réveillent des souvenirs trop douloureux.
C'est dans cette maison de deuil que j'ai vu
mourir les parens de mon mari & les miens :
je n'ai plus sous les yeux que des tom-
beaux.*

J'interrompis ma tante , pour lui demander des nouvelles de la fille de Madame d'Ermancour. « Elle est mariée à
» Paris, m'a-t-elle répondu, avec le Com-
» te de Saint-Farlot. J'ai cru que vous le
» saviez. — Je le sais en effet ; mais je
» ne croyois pas qu'elle eût quitté ses pa-
» rens pour suivre son époux. Hélas ! a

» dit la tendre Sophie , en soupirant :
» voilà notre sort , ma chere amie ; il
» faut tout quitter , quelque sacrifice
» qu'on soit obligé de faire. Heureuse la
» femme qui trouve dans le cœur de son
» époux, de quoi se dédommager de tout
» ce qu'elle a perdu ! Je doute que la
» pauvre Zélinette soit aussi fortunée.
» L'homme qu'elle a préféré n'auroit ja-
» mais dû fixer son cœur. C'est un jeune
» étourdi dont le caractère léger & pré-
» somptueux gâte la plus jolie figure du
» monde. Il n'annonce aucune des quali-
» tés propres à faire le bonheur d'une
» femme raisonnable. Je souhaite que mon
» pressentiment ne soit pas fondé.

　» Mais revenons à ce que je vous di-
» sois de sa pauvre mère , a repris ma
» tante. Nous la priâmes de réfléchir en-
» core au projet de son départ, avant de
» l'exécuter ; mais voyant après quinze
» jours, qu'elle persistoit dans sa résolu-
» tion , & que nous ne pouvions pas la
» faire changer, mon mari lui offrit de
　　　　　　　» l'accompagner

» l'accompagner avec moi. Elle reçut cette
» proposition avec la plus vive reconnois-
» sance. De mon côté, je fus enchantée
» de pouvoir me retrouver dans ma fa-
» mille, plutôt que je ne devois l'espérer.
» Nous écrivîmes à nos parens en An-
» gleterre, & nous partîmes sur le pre-
» mier vaisseau qui fit route pour Achem.
» Notre navigation a été très-heureuse
» pendant long-tems, mais les vents con-
» traires nous ayant obligés de passer en-
» tre l'île de Sumatra & celle de Java,
» nous avons commencé à manquer d'eau,
» vers la hauteur de Malaca. Mon mari
» sachant que le lord d'Queling avoit une
» habitation auprès de cette ville, & [illegible]
» [illegible] qu'il pourroit y être, a
» [illegible] le vaisseau à l'entrée du port.
» La [illegible] appuyée
» à la porte du château, a été la [illegible]
» madame Norton. Elle est accourue à
» lui, les bras ouverts, en lui criant que
» le ciel l'envoyoit exprès pour sauver
» sa nièce. Elle lui a conté ensuite votre

„ hiftoire qu'il n'a écoutée qu'en s'empref-
» fant de courir à votre fecours , & en
» forçant toutes les portes. Vous favez
» le refte , m'a dit ma tante , en finiffant
» fon récit ».

Je reprendrai ma lettre demain, ma chère maman. Ce fera vraifemblablement pour me plaindre de n'avoir point encore reçu de vos nouvelles. Les jours paffent, & je n'entends point parler de vous. Ah ! mon Dieu, confervez-moi mes bons & chers parens.

26 Septembre.

Mes deux lettres font parties, maman. Je n'ai pas eu le tems de rien ajouter à la dernière, parce que le navire qui vous les porte, a profité d'un vent favorable qui doit, à ce que l'on dit, le conduire à Achem très promptement. Dieu veuille que celui qui vous remettra mes lettres & celles de Madame d'Ermancour, vous trouve, ainfi que mon papa, en bonne fanté.

En attendant fon retour , je viens m'entretenir avec vous de tout ce qui vous intéreffe ici. Le Chevalier va de mieux en mieux. Il commence à defirer vivement de pouvoir vous écrire. Il a prié l'Evêque de vous donner de fes nouvelles , & il a beaucoup follicité fon Médecin pour obtenir la permiffion de dicter une lettre à fon père. Vous fentirez, maman, la peine cruelle que fon défir nous a fait éprouver. Il eft fort content quand on lui dit qu'il ne fera pas boîteux. Il a très à cœur de pouvoir fuivre fon état, & de s'avancer en fervant fa patrie. Mais on vient me dire de la part de ma tante de defcendre au fallon. Que me veut-on ? Le cœur me bat : je vais voir ce que c'eft.

Ah ! maman, mon émotion m'annonçoit ce qui m'eft arrivé. J'ai trouvé ma tante feule au fallon. Elle eft venue à moi d'un air fort gai, & elle m'a dit, en m'embraffant qu'elle avoit une bonne nouvelle à m'apprendre. « Ton papa eft ici,

» ma chère amie. — Papa, me suis-je
» écriée, où est-il ? Ma chere tante, ne me
» laissez pas plus longtems dans l'impa-
« tience où je suis de le voir. — Un mo-
« ment, ma chere amie ; calme toi. —
» Que je me calme ! suis-je maîtresse
» de retenir mon cœur ? Non, mon en-
» fant, ne le retiens pas, m'a dit ce ten-
» dre père, en paroissant tout à coup
» devant moi. Viens me rendre le bon-
» heur ». Je ne pourrai, chere maman,
vous peindre le ravissement que j'ai senti
dans ses bras, que lorsque je me verrai
dans les vôtres. Ah ! que je me reproche
le chagrin que je vous ai donné ! Il a
manqué de vous être funeste. Vous avez
été bien malade, & vous l'êtes encore.

Sans la lettre que vous avez eu la bonté
de m'écrire, je ne serois pas rassurée sur
votre santé. Avec quel transport j'ai baisé
cette lettre ! Et que je voudrois bien baiser
de même la main qui l'a écrite ! J'ai mouillé
de mes pleurs ces caractères chéris.

Assurez, je vous prie, de mon tendre

reſpect mon grand papa & ma bonne
grand-maman. Ah ! j'ai bien des pardons
à leur demander auſſi pour l'inquiétude que
je leur ai cauſée.

28 Septembre.

J'avois interrompu ma lettre ici, pour
embraſſer mon père. Il a eu la bonté de
venir me voir dans ma chambre à ſon retour
de la ville où il étoit allé avec mon oncle,
pour ſavoir des nouvelles du Chevalier.
Leur projet n'étoit pas de le voir ; mais on
leur a dit, en arrivant, qu'il ſavoit ſon
malheur. Ce ſont ſes domeſtiques & ſes
garde-malades qui l'en ont inſtruit ſans le
vouloir. Ils en parloient entr'eux dans un
moment où ils le croyoient endormi. Ces
pauvres gens ne ſe ſont apperçus de leur in-
diſcrétion , qu'à un cri douloureux qu'il
a jeté, en apprenant la mort de ſon père.
« Quoi! mon père, a-t-il dit. Dieu! que
» viens-je d'entendre »? Les domeſtiques
ont couru à lui; ils l'ont trouvé pâle &
preſque ſans ſentiment. On eſt allé bien

E 3

vîte avertir l'Evêque. Ce bon Prélat, après
avoir rappellé le Chevalier à la vie, a tâché
de le confoler, en lui apprenant l'arrivée de
fa mère dans le pays, & en promettant de
la lui amener, dès qu'il feroit en état de la
recevoir. L'efpérance de revoir fa mère
a paru le tranquillifer pendant quelques
inftans. Il rêvoit profondément , lorfque tout-à-coup fes larmes ont coulé en
abondance. L'Evêque, fans chercher à
arrêter cette expreffion fi naturelle de la
douleur de fon ami, s'eft contenté de
preffer tendrement une de fes mains dans
les fiennes. Enfuite il l'a quitté pour écrire
à mon oncle ce qui venoit de fe paffer. C'eft
dans ce moment que mon papa & votre
frère font arrivés au palais épifcopal. On
a tenu confeil, pour favoir fi ces Meffieurs
entreroient fur le champ auprès de M. d'Ermancour, & on a conclu que l'Evêque
iroit auparavant l'en prévenir.

Cette vifite inattendue dans un pays où
il fe croyoit loin de toutes fes connoiffances
& de fes parens, a répandu dans fon ame

la plus douce confolation. Il a pleuré fur
le fein de fes amis, & leurs larmes ont
adouci l'amertume de celles qu'il répan-
doit. Il s'eft calmé enfuite peu-a-peu, pour
apprendre les projets de fa mère, & le ha-
fard qui l'avoit fait débarquer auprès de
Malaca.

Il a demandé pourquoi vous n'étiez pas
venue confoler votre malheureufe amie,
& il a ajouté triftement, en regardant mon
père : « M. Sping ne me déguifez rien;
» ai-je encore quelques malheurs à crain-
» dre? Votre charmante fille, la rever-
» rai-je, a-t-il dit tout bas & en rougiffant ?
» — Oui, mon ami, vous la reverrez.
» Elle eft ici ; elle eft en bonne fanté ainfi
» que fa mère. — Dieu du ciel, s'eft-il
» écrié, en joignant les mains, & en laif-
» fant couler quelques larmes, je te rends
» grace ; tu ne m'as donc pas tout ravi ».
Après un moment de filence, il a demandé
avec empreffement, pourquoi on le pri-
voit du plaifir de voir fa mère ? On lui a
répondu qu'elle n'étoit pas encore inftruite

de son accident, ni de la mort de son beau-frère, & on l'a quitté, en lui recommandant de se tranquillifer jusqu'au lendemain, pour qu'il pût recevoir les visites qu'il desiroit.

Madame d'Ermancour a été ce matin prévenue de ses nouveaux malheurs par l'Evêque, qui a bien voulu se charger de ce triste emploi. Hélas! maman, vous devinerez bien comment cette femme angélique a reçu ces funestes nouvelles. « Je suis » résignée, a-t-elle dit à l'Evêque. Le » Dieu tout-puissant, en m'enlevant mon » époux, m'a disposée à souffrir avec pa- » tience toutes les privations de ce monde. » La mort de mon beau-frère m'enlève un » bon parent, & à mon fils un père & un » protecteur. Mais telle est la volonté du » ciel; il faut se soumettre sans murmurer ».

» Mon fils me reste, a-t-elle repris, en » versant des larmes qu'elle s'efforçoit de re- » tenir. Pardon, a-t-elle ajouté: hélas! vous » voyez combien je suis encore éloignée » de la fermeté que je desire d'acquérir ».

Elle a demandé la permiſſion d'aller voir ſon fils ; mais on l'a fait conſentir à remettre ſa viſite à demain. Nous irons tous enſemble, maman, voir ce pauvre Chevalier. Je vous donnerai de ſes nouvelles à mon retour.

Le premier Octobre.

Vous avez donc enfin reçu mes lettres, ma tendre maman, & vous m'aſſurez que vous êtes tranquille. Je n'aurois plus rien à deſirer, ſi vous pouviez être témoin de la manière dont je ſuis fêtée & chérie par tous ceux de nos parens & amis qui ſont ici ; mais vous n'y êtes pas, maman. Je ne ſerai complettement heureuſe, que lorſque je me retrouverai près de vous, & lorſque je pourrai vous aſſurer, en vous preſſant dans mes bras, que je ne vous quitterai jamais ; oh ! non, jamais, jamais.

Quoi ! c'eſt le Lord d'Ourling qui vous a porté les premières nouvelles de mon enlèvement ! Il a été aſſez généreux pour écouter ſes remords, & pour aller lui-même vous déclarer son crime. J'ai cru, en voyant arriver mon père, que c'étoit d'après les avis que je vous avois fait passer, qu'il venoit me chercher. Ce n'est que d'hier que je suis informée que vous n'avez seulement pas reçu les premières lettres où je vous indiquois le lieu de ma prison. Le Lord d'Ourling vous l'a appris. Il n'a pu résister à votre douleur, & il vous a tout avoué. Ah! maman, je lui pardonne tout le mal qu'il m'a fait, puisqu'il vous a sauvé la vie. Il ne doit même inspirer maintenant que de la compassion. On dit qu'il est malade. Dieu le console & le soulage dans ses peines.

Mais je vous ai promis de vous donner des nouvelles du pauvre Chevalier. Il a vu sa mère; il a pleuré dans ses bras. Nous étions tous dans sa chambre, un peu éloignés du lit, pour les laisser plus libres dans l'épanchement de leurs cœurs. Ils étoient tous deux fort troublés & très-agités. Après avoir causé ensemble pendant quelque tems, Madame d'Ermancour

m'a appellée auprès d'elle. « Venez, mon
» enfant, m'a dit cette tendre mère, venez
» raffurer mon fils ». Je me fuis approchée
timidement & avec beaucoup d'émotion.
Madame d'Ermancour, après m'avoir fait
affeoir auprès d'elle, m'a pris la main, &
en la preffant dans les fiennes, elle m'a dit
que fon fils defiroit, qu'avant de ratifier
l'engagement qu'il avoit pris avec mes parens, je fuffe informée du malheur dont il
étoit menacé; que les chirurgiens lui avoient
avoué, que jamais il ne fe ferviroit bien de
fa jambe malade; en un mot qu'il feroit
boiteux, & qu'il craignoit que cette in-
commodité ne lui nuifit auprès de moi. Ce
doute offenfant m'a profondément affectée;
je n'ai pu m'empêcher de pleurer, & j'ai
dit, en me jetant dans les bras de Madame
d'Ermancour, après avoir regardé triftement le Chevalier : « Ah ! Madame, votre
» fils ne m'aime plus ! — Au contraire,
» ma chère amie, m'a-t-elle dit, c'eft
» parce qu'il t'aime, qu'il craint. — Non,
» a dit le Chevalier, en avançant la main

» vers moi, non, charmante Nina, je ne
» crains plus que de vous avoir offensée
» par d'injustes soupçons. Que ne puis-je
» me jeter à vos pieds, pour vous deman-
» der une seconde fois le don de votre
» main »!

Madame d'Ermançour s'étoit retirée auprès de la compagnie. Je la lui donnai,
maman, cette main que vous lui avez ac-
cordée. Ah! comme il a été content, ce
pauvre Chevalier, quand il a pu librement
la presser dans les siennes! Comme il l'a
baisée tendrement, en la mouillant de ses
larmes! Oserai-je vous avouer, maman, le
ravissement de mon cœur? Oui, je vous
dois l'aveu de tous mes sentimens. J'étois
enchantée de pouvoir consoler ce fils
malheureux de la perte de son père, de le
rassurer sur ses inquiétudes, & d'effacer
l'impression douloureuse d'une ame sensible cruellement affligée par un funeste accident. Je ne lui ai pas caché ce qu'il m'a
inspiré. Je lui ai dit que je l'aimois, que je
l'aimerois toujours. J'ai répété cet aveu

autant de fois qu'il l'a défiré. Je lui ai reproché le doute iujurieux qu'il m'avoit montré à l'égard de fon indifpofition , & je lui ai affuré qu'elle n'avoit fervi qu'à me le rendre plus cher.

Je n'entreprendrai pas, maman, de vous peindre la joie vive & pure qu'il a éprouvée. « Ah ! me difoit-il, adorable Nina , » vous êtes un ange de confolation. Cha» que mot que vous prononcez pénètre » mon cœur. Et ! comment pourrai - je » reconnoître tant de bontés »? Le trouble que je reffentis m'empêcha de lui répondre. Je voulus aller rejoindre nos amis; mais M. d'Ermancour tenoit encore ma main dans la fienne , & il ne vouloit pas la quitter.

Tout le monde s'étant raffemblé auprès de lui, on le félicita fur la vivacité de fon teint. Ma tante lui dit qu'elle efpéroit que bientôt il renverroit fes médecins. « J'y » confentirai de bon cœur, à condition » que vous me laifferez celui que vous » m'avez amené aujourd'hui. C'eft le meil-

» leur de tous, dit-il, en fixant tendre-
» ment ſes regards ſur moi. M. Sping
» ajouta - t - il, c'eſt vous qui me l'avez
» donné ». Papa l'a ſerré dans ſes bras, &
en même-tems Madame d'Ermancour m'a
priſe dans les ſiens, en me nommant ſa
fille. Ah! maman, vous nous manquiez à
tous dans ce moment. Mon oncle, ma
tante, tous mes parens m'ont embraſſée.
Mais ce pauvre Chevalier! il a été bien
chagrin, quand nous l'avons quitté. Je
n'ai pu voir ſes yeux mouillés de larmes,
ſans en répandre auſſi. Oui, maman, j'ai
pleuré, en lui diſant adieu.

Le 3 Octobre.

Il y a deux jours que je ne vous ai écrit,
maman. Vous ſavez qu'hier nous devions
tous aller voir le Chevalier. Je m'étois
levée plutôt qu'à l'ordinaire, pour cueillir
des fleurs dans le jardin, avant de partir.
Je me faiſois une fête de lui apporter un
bouquet. Mais l'impatience de nous revoir,

le defir de fe trouver près de nous & d’ha-
biter dans la même maifon, ne lui a pas
permis de nous attendre. Il s’eft fait porter
ici fur les mêmes brancards qui avoient
fervi à le tranfporter à la ville. Tout le
monde lui reproche ce voyage précipité
qu’il a fait, fans confulter perfonne. On
craint que l’effet de fon empreffement ne
retarde fa guérifon, & ne l’empêche de
pouvoir fe fervir de fa jambe. Mais il
ne peut réparer fa faute ; & pourquoi
ajouter au mal qu’il fouffre, la peine de
s’entendre blâmer par fes plus chers amis.
« Je l’aiderai à marcher, ai-je dit à ma
» tante, devant lui ; qu’on le laiffe en
» repos ».

Ah ! maman, quelle fcène touchante
cette expreffion (que vous trouverez peut-
être indifcrette) a occafionnée ! Le Chevalier n’avoit point l’air de faire attention
à ce que nous difions ma tante & moi ; il
ne paroiffoit occupé que de caufer avec
mon oncle ; mais je me fuis bien apperçue
qu’il nous écoutoit, en le voyant prendre

tout d'un coup son mouchoir, pour es-
suyer des pleurs qui couloient malgré lui
sur ses joues. Sir George les attribuant au
mal que lui faisoit sa jambe : « Non, non,
» a dit M. d'Ermancour ; ce n'est pas de la
» douleur que j'éprouve, mais le plaisir le
» plus délicieux »......

Je suis obligée de vous quitter, maman :
on me prie de descendre promptement
auprès de Madame d'Ermancour. Je tremble que ce ne soit pour la consoler de quelque accident survenu à son fils. On n'a pas
voulu que je le voie aujourd'hui. Tout le
monde est allé lui rendre visite, excepté
moi. Cette réserve m'a bien affligée. Ah !
mon Dieu ! que va-t-on m'annoncer ?

9 Octobre.

Hélas ! maman, mes pressentimens n'é-
toient que trop fondés. Le Chevalier étoit
dans un grand danger, lorsque je cessai de
vous écrire, & que je descendis auprès de
Madame d'Ermancour. Mon père, mon
oncle

oncle & ma tante étoient occupés à le décider à souffrir une seconde opération plus
cruelle que la première. Le chirurgien avoit
trouvé la jambe du malade dans le plus
mauvais état, & désespéroit même entiére-
ment de pouvoir la conserver. Ce n'étoit
pas faute de courage que M. d'Ermancour
résistoit à ce que l'on exigeoit de lui. « Je ne
» crains, disoit-il, ni la mort ni la dou-
» leur ; mais je ne veux pas risquer de perdre
» le bonheur où j'aspire ; je ne veux pas
» m'exposer à quitter la vie, & à me sé-
» parer de ma Nina pour toujours, sans
» être assuré d'emporter avec moi dans le
» tombeau le titre de son époux. Faites
» venir un prêtre ; qu'il nous marie, & je
» consentirai à tout ce que vous desirez de
» moi ». On a fini par faire ce que le malade a voulu. On a envoyé chercher un
prêtre, & l'on nous a amené un bon Mis-
sionnaire fort vieux, qui a parcouru
toutes les Indes, & qui paroît avoir acquis
beaucoup d'expérience. Il a demandé la
permission de visiter la jambe du Chevalier.

F

Après l'avoir attentivement examinée, il a assuré qu'on pouvoit la sauver, & même par un moyen plus doux que l'opération indiquée par le chirurgien.

Mais M. d'Ermancour a persisté à dire, qu'il ne vouloit s'occuper de sa guérison qu'après qu'il auroit épousé sa maîtresse. On est venu annoncer cette nouvelle à Madame d'Ermancour, pendant que j'étois avec elle. On lui a dit en même-tems qu'on nous prioit l'une & l'autre de passer chez le malade, pour lui donner la satisfaction qu'il desiroit.

Cette tendre mère, avant de répondre, m'a demandé si j'aimois assez son fils, pour consentir sans répugnance à ce que l'on exigeoit de moi. « Hélas ! Madame, ai-je
» dit à cette mère affligée, en me jetant
» à ses pieds, disposez de la fille de votre
» amie ; regardez-la comme votre enfant,
» & daignez m'en donner le titre, en
» m'unissant à votre fils. Ah ! si le ciel le
» rend à mes vœux, rien ne pourra être
» comparé au bonheur de mes jours. ━

» Viens, ma fille, viens ma chère enfant,
» s'eſt écriée Madame d'Ermancour ! Tu
» feras la félicité de mon fils & ma conſo-
» lation. Dieu tout - puiſſant, a - t - elle
» ajouté, exauce ma prière ; conſerve-lui
» l'époux qu'elle va recevoir de ma main ».

Mais, maman, avant de paſſer dans la chambre de M. d'Ermancour, j'ai demandé un moment pour vous prévenir de l'auguſte cérémonie où je vais aſſiſter. Je ne veux pas la terminer, ſans vous demander votre bénédiction. Je ſuis à vos genoux, maman, béniſſez-moi comme ſi j'étois devant vous avec l'époux que vous m'aviez deſtiné. Priez pour la conſervation de ſes jours ; ils me ſont auſſi précieux que les miens. Ah! il eſt bien cher à tous ſes amis. Tout le monde eſt ici dans la plus grande conſter-nation.

On vient me chercher : c'eſt mon père. Je lui cède la plume ; il va profiter de ma lettre pour vous écrire. Pendant ce tems je vais paſſer dans mon cabinet, pour me préparer à recevoir dignement la bénédiction divine. Je vais implorer pour mon époux & pour moi les bontés de l'Être Suprême; je vais le prier d'unir nos cœurs dans le ciel, comme ils vont l'être sur la terre.

M. Sping à sa femme.

Tu vas lire, ma tendre épouse, avec bien de l'émotion, la lettre de notre chère enfant. Penses pour ta consolation qu'elle jouit de la meilleure santé, qu'elle aime celui que tu lui as donné pour époux, & qu'elle est adorée. Ne t'inquiette pas de l'état fâcheux où se trouve notre jeune homme dans ce moment ci; nous espérons tous qu'il s'en tirera heureusement. Son bon tempérament, son courage, & sur-tout la satisfaction qu'il va goûter, doivent te rassurer, ainsi que nous.

Adieu, ma bonne amie; je vais retrouver notre chère Nina. Je regrette beaucoup de ne t'avoir pas ici pour me seconder dans la cérémonie dont je vais m'occuper; mais j'espère que dans quelque tems nous ferons réhabiliter le mariage que ma fille va contracter aujourd'hui. Alors, nous accompagnerons enfemble nos jeunes époux à l'autel, & nous jouirons complettement de leur bonheur commun. Comme elle te reffemble cette charmante enfant! C'eft le caractère doux & aimable de fa mère ; c'eft la même fenfibilité, la même vertu, c'eft ma chere Ninette. Je crois te voir, quand je fixe les yeux fur ta fille. Elle me rappelle des jours bien chers & bien délicieux. Occupe - toi de cette agréable idée, pour effacer de ton ame tout ce qui pourroit l'attrifter.

Ce 17 Octobre.

Il y a huit jours que je ne vous ai écrit, maman. J'ai paffé tout ce tems dans la chambre du Comte d'Ermancour (: c'eft ainfi qu'on le nomme à préfent).

Il eft mon époux, mon amant, mon ami ; il eft auffi mon malade, car c'eft moi qui le garde maintenant, & qui veille à ce qu'il foit bien fervi. Quelle fatisfaction

je reffens de pouvoir , par mes atten-
tions, adoucir fes peines , & calmer fes
inquiétudes.

Il ne faut pas vous le diffimuler, maman,
votre aimable gendre fera boiteux ; on lui
conferve fa jambe, il eft vrai , mais il ne
pourra s'en fervir. Vous ne l'en aimerez
pas moins : tous fes parens & tous fes amis,
ne lui en feront que plus attachés. Eh !
comment ne lui pardonneroit-on pas un
léger défaut , que mille bonnes qualités
font difparoître ? C'eft ce que je lui dis,
quand je l'entends déplorer fon malheur.
Il me regarde alors tendrement, & il porte
ma main fur fes lèvres. Comme il eft fenfible & reconnoiffant ! comme il intéreffe
par fa douceur ! comme il fouffre patiem-
ment les plus cruelles douleurs ! A l'entendre, il eft toujours bien, toujours trop
heureux de m'avoir près de lui. Il ne regrette que les jours inutiles qu'il va paffer
fans pouvoir fervir fon Prince & fa patrie ;
fans pouvoir mériter jamais l'honneur
qu'il a de vous appartenir. « C'eft un mal-

» heur, sans doute, lui dis-je ; mais n'y
» a-t-il donc que la gloire des combats ?
» Ne peut-on se distinguer que dans l'art
» de la guerre ? Mon père n'a jamais couru
» ces périlleux hasards qui font la répu-
» tation d'un grand militaire, & malgré
» cela ne jouit-il pas de la plus grande
» réputation ? N'est-il pas honoré & esti-
» mé par tous ceux qui le connoissent » ?
Je ne sais si mes raisons le persuadent,
mais il paroît les écouter avec plaisir.

Pour moi, maman, je ne me chagrine
pas pour l'avenir. M. d'Ermancour se fera
toujours remarquer & chérir par-tout où il
sera placé. D'ailleurs, quoique je n'ose pas
le lui dire, je ne suis pas si fâchée qu'il doit
l'être lui-même de son accident. L'impossibilité de monter à cheval, le forcera de rester
plus souvent auprès de moi. Je ne craindrai
pour lui ni les malheurs de la guerre, ni
ceux de la chasse, & mon amour-propre
trouve aussi son compte dans cette fâcheuse aventure. M. d'Ermancour, beau, bienfait, possédant toutes les grâces, toutes

les vertus, tous les talens, étoit trop loin de moi ; ce petit défaut l'en rapproche. Il fera fouvent dans le cas d'avoir befoin de mon fecours. Quand je ne lui fervirois que d'appui, pour l'aider à marcher, je ferois fière de cet emploi.

Une honnête femme qui veut mériter l'eftime & l'attachement de fon mari, ne doit pas fe contenter de lui plaire par des attraits paffagers, que le tems & l'habitude effacent promptement. Elle doit chercher à fixer fon cœur par des liens plus forts & plus durables ; elle doit lui être utile, en partageant fes peines, en fe conformant à fes goûts. Ce font les principes que vous m'avez infpirés, maman. Je ferois bien contente de moi, fi je pouvois les fuivre comme vous.

On vient me dire que Papa demande ma lettre, pour la faire partir avec les fiennes ; on ajoute qu'il vient d'arriver un navire qui nous apporte de vos nouvelles, & plufieurs chofes que vous nous envoyez. Je cours voir ce que c'eft. Adieu, maman ;

j'efpère que vous m'aurez écrit. Ah ! oui ,
je l'efpère , & je vous en remercie.

Ce 20 Octobre.

Le navire qui m'a apporté une lettre de
vous, maman, a conduit ici un homme
dont la préfence m'auroit bien effrayée ,
il y a quelques femaines. C'eft le Lord
d'Ourling. Il a demandé , en arrivant à
voir mon mari. On a différé pendant deux
jours & fous différens prétextes de l'intro-
duire près de lui ; & ce n'eft que d'hier
qu'on a confenti à lui donner cette fatis-
faction. On ne vouloit pas d'abord que je
fuffe préfente à cette entrevue ; mais j'ai
tant infifté que l'on m'a permis de refter
auprès du malade.

Quand on a annoncé le Lord d'Ourling,
je me fuis avancé entre lui & mon mari.
« Que venez-vous faire ici , Milord , lui
» ai-je dit ; que demandez-vous ? — Un
» pardon que je n'ofe efpérer , Madame,
» a-t-il répondu , en mettant un genou à

» terre. C'étoit pour implorer la protec-
» tion de M. d'Ermancour auprès de vous,
» que j'ai demandé à le voir. Je n'osois
» point m'adresser directement à vous : je
» dois vous faire horreur ; j'ai violé les
» droits sacrés de l'amitié, j'ai outragé la
» nature, j'ai arraché une jeune & ver-
» tueuse fille des bras de ses parens. Voilà
» mon crime : punissez le coupable, il
» vient se livrer à vos coups ; mais avant
» de frapper, lisez cet écrit ». Il m'a présenté un papier. A peine l'avois-je reçu,
qu'il a ajouté, en tirant un poignard de
sa poche : « Ces caractères sont tracés
» de la même main qui va vous ven-
» ger » ; & il alloit se percer le sein,
lorsque mon père qu'il ne voyoit pas à
côté de lui, a arrêté son bras, & l'a dé-
sarmé. Aussi-tôt tous les gens de la maison
l'ont entouré, & on l'a fait sortir de la
chambre de M. d'Ermancour. Cette aventure imprévue avoit beaucoup agité le
pauvre malade ; mais dès qu'il m'a vue
près de lui, il s'est bien-tôt tranquillisé.

« Ah ! ma bonne amie, m’a-t-il dit, en me voyant frémir encore de l’emportement du Lord d’Ourling, » son défefpoir ne » me furprend pas. S’il t’aime, il eft bien » malheureux. En blâmant fa conduite, » il faut le plaindre ; il faut engager nos » parens à le confoler. Puifqu’il a des re- » mords, il fent l’énormité de fa faute, » & il eft capable de la réparer. Mais, » a-t-il ajouté, voyons le billet qu’il t’a » remis ». En voici une copie.

A Mademoifelle Nina , à préfent Comteffe
d’Ermancour.

« Madame ,

« Celui qui vous a offenfé n’exiftera plus, quand vous lirez cet écrit ; il n’é-prouvera plus de cruels regrets ; il efpère qu’alors votre haine pour lui finira auffi. Ne le pourfuivez pas jufques dans le tom-beau par d’injuftes foupçons. Ne l’accu-fez pas d’avoir eu le déteftable projet de triompher de votre vertu par un crime.

Non, je n'emporte pas avec moi ce terrible reproche. Je n'aurois employé pour captiver votre cœur que la conſtance & les ſoins de l'amant le plus reſpectueux. Je me flattois que la ſolitude & une retraite abſolue vous auroient décidée à m'accorder votre main. Je ne ſavois pas que ce cœur auquel j'aſpirois, étoit engagé ».

« Mais quand je l'aurois ſçu j'aurois peut-être été aſſez téméraire, pour m'abandonner à l'eſpoir qui m'a entraîné dans le malheur où je ſuis. C'eſt une fatalité que je n'ai pu éviter, & que je ne peux faire oublier à mes amis (s'il m'en reſte encore), qu'en diſparoiſſant de ce monde où je ne ſuis plus digne d'exiſter ».

« A préſent, Madame, ne me voyez plus que comme une ombre errante & fugitive, qui vient recommander à vos généreuſes bontés deux êtres infortunés dont vous avez captivé les cœurs. Ce ſont les deux Dames qui habitent le Château où vous avez paſſé des jours bien malheureux. L'une est ma fille, & l'autre est la mère de cet aimable enfant pour laquelle vous avez paru vous intéresser. J'ai trompé cette excellente femme, en lui laissant entrevoir que je pourrois l'épouser un jour. Elle a quitté ses parens pour me suivre. Il y a douze ans que nous partîmes ensemble de Londres, pour venir nous établir dans la même maison où j'ai eu la cruauté de vous tenir prisonnière. Là est née l'enfant que vous avez vue. C'est cette malheureuse Henriette que je vous recommande ainsi que sa pauvre mère. Je leur laisse du bien, mais aucun ami qui puisse les consoler de ma perte ».

« Elles ont toujours vécu dans la plus grande retraite, soit à Achem, soit à Malaca dans la maison qu'elles occupent actuellement. Elles n'avoient que moi au monde, & vous leur enlevez leur soutien, leur protecteur, leur père. Je meurs avec l'idée consolante de croire qu'elles retrouveront en vous & dans les bontés de vos honnêtes parens, les secours dont

elles vont être privées par ma mort.
Adieu, trop cruelle & trop charmante
Nina ».

Quel contraste de sentimens dans le Lord
d'Ourling ! Il est alternativement bon &
mauvais, doux & cruel, tendre & insen-
sible. Ces inconséquences nous donnent à
tous l'espérance de le tirer de l'état où il
est. Mon père & mon oncle ne l'ont pas
quitté depuis l'événement qui a failli à lui
être si funeste. Il persiste toujours à vouloir mourir ; il ne prend aucune nourri-
ture. Ma belle-mère est actuellement auprès de lui. Il me tarde qu'elle soit de
retour, pour savoir si elle a pu gagner
quelque chose sur son esprit.

Ce 19 Novembre.

Il y a près d'un mois, maman, que je
ne vous ai écrit. Pendant cet intervalle, il
s'est passé ici plusieurs choses bien intéres-
santes pour les amis du Lord d'Ourling,
sans compter celles que je m'empresse de

vous apprendre, parce qu'elles vous touchent encore de plus près. C'eſt de mon malade que je veux parler. Il eſt à préſent en état de ſe lever ; il marche même fort bien dans la chambre avec des béquilles ; mais nous eſpérons tous, & les Médecins eſpèrent comme nous qu'il marchera inceſſamment avec un ſeul bâton. Ah ! ſi vous voyez, maman, comme il eſt content de cette eſpérance ! C'eſt pourtant la recette & les conſeils du bon Miſſionnaire qui l'ont guéri. On les avoit mépriſés d'abord ; mais les Médecins & les Chirurgiens eux-mêmes y ſont revenus ; ils s'en applaudiſſent tous les jours. Pour nous, maman, notre embarras eſt de ſavoir à préſent, comment nous témoignerons notre reconnoiſſance au bon Père. Il eſt ſi modeſte & ſi déſintéreſſé, que l'on ignore comment pouvoir le remercier. D'ailleurs, il eſt ſi bien accoutumé à ſe paſſer de tout, qu'il eſt parvenu à n'avoir beſoin de rien.

Le Lord d'Ourling n'eſt point mort, & probablement il ne mourra pas. Je ne vous détaillerai pas tous les moyens que l'on a employés pour le ramener à la raifon ; mais celui qui a réuffi fait honneur à fon cœur.

Il a paffé deux fois vingt-quatre heures dans la plus affreufe fituation , toujours defirant la mort, & cherchant continuellement à fe la procurer. Pendant tout ce tems , il n'a point permis à fa fille ni à la mère de cette malheureufe enfant d'entrer dans fa chambre. Quand on le follicitoit de la part de ces deux infortunées, il répondoit qu'il les avoit vues pour la derniere fois, & il prioit fes amis de ne pas l'expofer encore à rougir devant les malheureufes victimes de fa mauvaife conduite.

J'étois dans leur chambre , quand mon oncle qu'elles avoient chargé de faire une nouvelle tentative auprès du Lord , vint leur faire cette dure & cruelle réponfe. La mère, après l'avoir entendue, regarda triftement fa fille ; enfuite elle refta les mains jointes & la tête penchée fur fon fein , fans prononcer un mot. Cet état

de

de douleur, que les pleurs & les gémisse-
mens de la pauvre Henriette augmentoient
encore, nous pénétrèrent mon oncle &
moi.

Mais nous ne fûmes pas peu surpris de
voir tout d'un coup cette mère désespérée
se lever courageusement, & prendre sa
fille par la main, en lui disant : « Allons,
» ma fille, allons mourir auprès de ton
» père ».

Elles coururent en effet dans sa chambre : nous les suivîmes, sans oser nous y
opposer. La mère entra précipitamment,
en repoussant avec vigueur ceux qui vou-
loient l'arrêter.

Le Lord couché sur une chaise-longue
où il paroissoit assoupi, se réveilla au bruit
que nous fîmes. Il se leva brusquement
sur son séant. « Ah ! malheureuses, dit-il, en
appercevant sa fille & son ancienne amie,
» que venez-vous chercher ici ? La mort,
» lui répondit cette courageuse mère ;
» nous n'avons plus que cette ressource,
» puisque vous nous abandonnez. La fin

G

» de vos jours doit terminer ma vie &
» celle de votre fille infortunée. Laiſſez-
» nous la conſolation de mourir à vos
» côtés ; que le même tombeau nous réu-
» niſſe tous trois. C'eſt la dernière faveur
» que je viens ſolliciter pour moi & pour
» notre enfant. Il n'y a plus de rang , plus
» de décence à obſerver dans cette ſom-
» bre demeure ; vous ne rougirez plus d'y
» loger avec nous. — Arrête , cruelle &
» trop digne femme , n'accable pas un
» miſérable , déja trop ſurchargé du far-
» deau de ſes peines. Il n'a jamais rougi
» que de ſes crimes. Laiſſe-le quitter une
» vie qu'il a empoiſonnée par ſes déſor-
» dres. Il ne mérite plus de vivre ni de
» mourir avec toi. — Ah ! ſi tu ne rougis
» pas d'être le père de cet enfant, regarde
» donc la mère avec quelque pitié. Vois-
» la à tes pieds , t'implorer pour la con-
» ſervation de tes jours. J'ai ſupporté ſans
» me plaindre , l'abandon où tu m'as
» laiſſée depuis pluſieurs années ; j'ai ſouf-
» fert ſans murmure , le mépris & la hon-

» te ; mais je ne puis voir, sans le plus
» affreux défespoir, la fin cruelle d'une
» vie qui m'a toujours été chère. Avant
» d'en difpofer à ton gré, arrache-moi la
» mienne & celle de cette malheureufe
» enfant, ou rends-nous, en te confer-
» vant, le foutien de nos triftes jours ».

« Grand Dieu ! s'écria le Lord, en le-
» vant, les yeux & les mains vers le ciel ;
» prends pitié de mon fort. Je ne puis
» donc vivre ni mourir en paix ». Il verfa
alors un torrent de larmes qui parut le
foulager, & qui nous donna l'efpérance
de le voir bientôt plus calme & plus dif-
pofé à faire ce que nous defirions. Nous
profitâmes, mon oncle & moi, de ce moment d'attendriffement pour nous préfenter à lui. Il ne nous avoit point encore
apperçus, parce que nous étions reftés à
l'écart dans le fond de la chambre.

« Ah ! Madame, pardon, dit-il, en me
» voyant approcher de lui : ce n'eft point
» ma faute, fi je ne vous ai pas tenu pa-
» role. Et toi, cruel ami, ajouta-t-il, en

» parlant à Sir George, pourquoi m'as-tu
» abandonné ? Pourquoi m'a-t-on livré au
» terrible affaut que je viens de foutenir.
» Qu'efpère-t-on de cette trifte entrevue
» qui me déchire l'ame, & qui ne me
» rend que plus coupable à mes yeux » ?

« Ne fois pas plus févère que tes amis,
» lui répondit mon oncle ; ils t'eftiment,
» puifqu'ils defirent de te conferver ».

« Milord, lui dis-je alors, en pre-
» nant une de fes mains, rendez un ami
» à mes parens, un père à cette charmante
» enfant qui gémit à vos pieds, & un
» époux à cette mère refpectable qui vous a
» facrifié fa vie. — Qu'entends-je ? Ah !
» cette voix angélique eft un ordre du
» ciel.... Viens, ma tendre amie, viens
» dans les bras de ton époux, fi tu le
» crois digne encore de porter ce titre. Il
» m'honore, & il me rend la vie, dit
» cette pauvre femme, en preffant fon
» amant contre fon fein. Viens, ma fille,
» ajouta-t-elle, en faifant avancer Hen-
» riette qui pleuroit à l'écart, fans ofer

» approcher, viens m'aider à reconnoître
» les bontés de ton père ». Le Lord d'Ourling les prit dans ses bras, & en répan-
dant des larmes de tendresse & de joie, il
leur dit qu'il ne vouloit vivre que pour
les aimer, & pour réparer les torts qu'il
avoit à se reprocher envers elles. « Secon-
» dez-moi toutes deux, ajouta-t-il, pour
» témoigner mon immortelle reconnois-
» sance à ces généreux amis, à qui je dois
» non-seulement la vie qu'ils m'ont con-
» servée, mais le courage de la supporter ».

Vous sentirez mieux que je ne puis le
dire, maman, la satisfaction que j'éprou-
vai à voir & à partager le bonheur de
cette intéressante famille. « C'est vous qui
» m'avez rendu un époux, en rendant un
» père à ma fille, me disoit cette bonne
» mère. Ah! Madame, ajoutoit la jeune
» Henriette, en baignant mes mains de
» ses larmes, vous avez fait mon bonheur
» & la gloire de ma vie ».

Elles adressèrent ensuite leurs remercîmens à mon oncle, & la mère d'Henriette

me dit qu'elle avoit le plus grand empreffement de remercier auffi mon père. Enfin,
nous les quittâmes pour aller apprendre
cette bonne nouvelle à nos parens. Ils en
étoient déja inftruits par les domeftiques,
& nous les trouvâmes qui fe préparoient
à aller féliciter le Lord & fa famille.

Deux heures après nous y allâmes tous
enfemble. M. d'Ermancour étoit auffi avec
nous ; on le porta jufques dans la première
anti-chambre. Dès que l'on nous eut an-
noncés , nous vimes bientôt paroître le
Lord tenant fa femme & fa fille par la
main. Ils fe jetèrent tous trois à genoux,
à quelque diftance de nous , & ils nous
dirent tout ce que leur ame fenfible &
reconnoiffante put leur infpirer. Mon père
courut promptement relever fon ancien
ami ; & tandis qu'il le preffoit dans fes
bras , ma belle-mère & ma tante étoient
de même occupées à embraffer Henriette
& fa mère. Mon mari , appuyé fur fes béquilles , regardoit , en verfant des larmes ,
cette fcène touchante , lorfque le Lord

d'Ourling, qui ne l'avoit pas encore ap-
perçu, se précipita à ses pieds. « Ah! Mi-
» lord, que faites-vous, lui dit le Comte
» d'Ermancour ? Ne voyez-vous pas que
» je suis dans l'impossibilité de m'opposer
» à votre transport. Il m'humilie. Levez-
» vous, trop reconnoissant ami ».

Enfin, maman, après ce premier moment de trouble, de joie & de tendresse,
nous passâmes tous dans la chambre du
Lord. Il nous communiqua ses projets,
& ce qu'il avoit déja fait pour hâter
la célébration de son mariage. « J'ai en-
» voyé chercher le Vicaire qui dessert ma
» chapelle, nous dit-il. J'espère que vous
» voudrez bien assister à une cérémonie
» que vous avez désirée. Venez, ajouta-
» t-il, en voyant le Prêtre arriver, venez,
» mes chers amis, couronner votre ou-
» vrage ».

Adieu, maman ; je suis obligée de descendre ; je ne tarderai pas à vous apprendre le reste.

Le 28 Novembre.

Nos amis font heureux, maman, autant qu'ils peuvent l'être. Ils font mariés. Le Lord d'Ourling ne rougit plus d'aimer fa femme. Il paroît au contraire s'enorgueillir du nom de fon époux. Il fe difpofe à partir pour Londres avec fa famille. Il veut, à ce qu'il dit, rendre aux parens de fa femme, une fille qu'il leur a enlevée. Mais il ne rendra pas la vie à la mère de cette malheureufe fille fugitive. Il ne pourra jamais effacer de fon cœur le reproche cruel qu'il doit fentir d'avoir abrégé les jours d'une tendre mère, en la privant de fon enfant.

A l'égard de Madame d'Ermancour & de mon père, ils font partis, il y a cinq jours, pour aller vous rejoindre, maman. Vous êtes à la veille de les voir arriver. J'attendrai avec beaucoup d'impatience les nouvelles de votre première entrevue avec cette refpectable Dame, votre bonne & ancienne amie. Je partage d'ici les différens fentimens que vous allez éprouver, en la preffant dans vos bras. Vous ferez enchantée de la revoir ; mais quand vous la verrez revenir feule dans fon Défert, que de larmes vous répandrez ! Ah ! maman, ne vous laiffez pas trop pénétrer des triftes regrets que la préfence de Madame d'Ermancour va vous communiquer. Jouiffez du bonheur de vous retrouver enfemble. N'oubliez pas que vous devez vous conferver l'une & l'autre pour vos enfans.

Dites à cette tendre mère que fon fils va de mieux en mieux. Il fe foutient déja affez bien. Il a repris tous les agrémens de fa taille, & la gaîté de fon efprit. Et moi, maman, depuis que je le vois content, je le fuis auffi ; mais je n'en defire pas moins vivement le plaifir de me retrouver avec vous.

Ce 8 Décembre.

Il y a dix jours que je ne vous ai écrit, maman ; mais dans cet intervalle j'ai lu plufieurs fois la lettre intéreffante que l'on m'a remife de votre part. Vous voilà enfin réunie avec votre tendre & malheureuse amie. Hélas ! maman, j'avois bien prévu le cruel effet que sa présence a produit sur votre ame. Le récit de votre entrevue m'a fait répandre bien des larmes, & je me sens toujours le cœur déchiré quand je vois cette digne femme arrivant dans sa triste maison du Désert.

En entrant dans cette chambre où elle avoit passé des momens si agréables avec son époux, elle n'a donc senti que le regret de ne l'y pas trouver. *Il n'y est plus ; il n'y reviendra jamais*, s'est-elle écriée ; *j'aurai beau le desirer, il n'arrivera pas ; il m'attend dans le tombeau où j'ai fait placer ses précieux restes ; c'est-là que nous devons nous rejoindre, pour ne nous quitter jamais.* Je suis aussi pénétrée que vous, maman, de ces affreux regrets, & je n'ai pu les lire sans frémissement. Mais j'espère que les sages réflexions de votre amie, sa résignation & les principes de religion qu'elle a toujours présents, adouciront sa cruelle situation. Ils vous rendront aussi votre tranquillité & votre bonheur. C'est mon desir le plus ardent. Ah ! que ne puis-je vous porter moi même ces tristes consolations. Ma préfence les augmenteroit peut-être. Je me mettrois à vos pieds ; j'implorerois les fecours du ciel ; je le prierois de me conferver mes deux refpectables mères.

Nous commençons à nous occuper de notre départ. Quoiqu'il foit encore éloigné , je me plais à m'en entretenir avec M. d'Ermancour. Il defire autant que moi de vous revoir , & notre attachement pour vous eft le même.

Ce 18 Décembre.

O maman , que les nouvelles que vous avez fait paffer à M. d'Ermancour font cruelles pour moi ! Dans le paquet qui renfermoit plufieurs lettres , font des ordres de la Cour de France qui forcent mon époux à partir fur le champ pour fe rendre à Verfailles. On y eft inftruit de la mort du Comte de Lizadie, & l'on exige que le neveu ne perde pas un moment pour aller remettre au Miniſtre les papiers importans dont le malheureux Commandant du vaiſſeau étoit chargé.

M. d'Ermancour, après avoir lu ces lettres, s'eſt déterminé auſſi-tôt à s'embarquer demain, ſur le vaiſſeau que le Lord d'Ourling a fait charger à ſes frais, pour le conduire à Londres avec ſa femme & ſa fille.

Mais, maman, M. d'Ermancour ne partira pas ſeul. Mon oncle & ma tante ſe ſont rendus aux preſſantes ſollicitations qu'il leur a faites pour les déterminer à l'accompagner dans ſon voyage, & votre chère enfant, votre pauvre Nina qui ne vous a pas vue depuis ſi long-tems, on va auſſi l'emmener. Je vais partir, ſans vous voir, maman, ſans pouvoir me jeter à vos pieds pour vous demander votre bénédiction. Mon oncle & ma tante vous écrivent tous deux à ce ſujet. Ils ſe chargent de vous expoſer les raiſons qui les engagent à prendre ce parti.

Ainſi, nous nous embarquerons demain avec le Lord d'Ourling & ſa famille. Demain ! ah ! Dieu, je ne puis me faire à cette idée ; je ne puis penſer, ſans frémir, à l'éloignement extrême qu'il va bientôt y avoir entre vous & moi. Et je ne ſaurai pas de vos nouvelles ! Les jours, les mois & peut-être les années vont s'écouler, ſans que j'entende parler de vous ! Ah ! maman, plaignez votre pauvre Nina ; aimez-la toujours, & conſervez-vous pour ſon bonheur. Je vais écrire à mon papa. Que vous m'êtes chers tous deux ! je fonds en larmes en vous diſant adieu. Daignez aſſurer Madame d'Ermancour de mon reſpect, ainſi que mes grands parens ; je n'ai pas la force de leur écrire.

A Paris, ce 4 Avril.

Notre navigation a été heureuſe, maman, & notre arrivée à la terre de M. d'Ermancour a été une eſpèce de triomphe pour lui & une ſatisfaction bien douce pour moi. Tous les habitans du village font venus au-devant de leur jeune Seigneur. Tous, en l'abordant, lui ont témoigné la joie la plus vive de le voir de retour. Ils croyoient qu'il avoit péri avec le Comte de Lizadie, son oncle.

Deux jours après nous sommes partis pour Paris. En arrivant dans cette grande ville, mon mari & mon oncle font allés à Verfailles. Ils en font revenus hier fort contens de l'accueil qu'on leur a fait à la Cour. Je paffe légèrement fur toutes ces chofes, pour en venir à une aventure qui nous eft arrivée ce matin.

Nous fommes allés au Palais-Royal, pour faire quelques emplettes. C'eft une promenade publique, fort agréable, où l'on trouve tout ce que l'on peut défirer. Après avoir acheté plufieurs ajuftemens, nous fommes entrés chez un Libraire, pour y chercher des livres dont M. d'Ermancour avoit befoin. Pendant que mon mari & mon oncle en examinoient quelques-uns, j'ai demandé des Romans.

On m'en a donné un, que l'on m'a dit être
nouveau. Mais à peine ai-je jeté les yeux
fur le titre, que le livre m'eft prefque
tombé des mains. *Zélie dans le Défert.*
Qu'eft-ce que cette Zélie, ai-je dit en
moi-même ? *J'ai* parcouru le premier vo-
lume, fans communiquer à perfonne mon
étonnement ; mais quand j'ai vu le nom
de Ninette répété plufieurs fois, celui de
mon papa, de mon oncle fir George, de
ma tante Sophie ; enfin, quand j'ai connu
que c'étoit l'hiftoire véritable de toute ma
famille, j'ai dit au Libraire que le livre
qu'il me donnoit pour un roman n'en étoit
pas un. « C'eft l'hiftoire de votre mere &
» de la mienne, ai-je ajouté tout bas,
» en donnant le livre à mon mari ». Nous
l'avons acheté, & nous fommes retournés
promptement à notre hôtel, pour le
lire.

Que de réflexions, maman, cette aventure nous a fait faire ! Comment a-t-on pu
favoir fi parfaitement l'hiftoire de toute
notre famille ? Comment vous connoît-

on, maman, vous qui n'êtes jamais venue à Paris ? Il faut que ce soit M. de
Marsfeld qui ait remis vos Mémoires à
quelque personne de France ; qui les
aura fait imprimer. Fasse le ciel que l'on
puisse reconnoître dans la conduite de
votre Nina, les vertus de sa mère ! Ce
sont les vœux les plus ardens de mon
cœur. Je sens plus que jamais, maman,
le bonheur de vous appartenir, & je n'en
vois que mieux la nécessité où je suis de
faire tous mes efforts pour vous ressem-
bler.

*(Ici le Journal de Nina est interrompu.
Il y a un intervalle de près d'une année
entre sa derniere lettre & celle qu'on va
lire).*

*Lettre de Madame Sping, à la Comtesse
d'Ermancour, sa fille.*

Achem, le 9 Janvier.

"Tes dernieres lettres, ma chere Nina,
ont répandu la joie dans toute la famille.
Nous

Nous avons appris avec une extrême furprife l'aventure qui vous eft arrivée au
Palais-Royal. Mme d'Ermancour & moi
ne voulions pas croire qu'il fût queftion
de nous dans le livre dont tu nous parles ;
mais ton père a bientôt fait ceffer nos
doutes, en nous remettant l'exemplaire
que tu nous envoie. Nous penfons comme
toi, que c'eft M. de Marsfeld qui a rendu
nos Mémoires publics.

Les lettres que M. d'Ermancour nous
écrit, à fa mère & à moi, font fon éloge,
& juftifient bien le choix de ton cœur.
Oui, ma chere amie, je crois que tu feras
heureufe avec ton époux. Ne cherche point
d'autre gloire que celle de mériter fon eftime & fon amour. Ces précieux avantages
font pour une femme honnête & raifon-
nable, le bonheur fuprême. C'eft le feul
auquel j'aie jamais afpiré, & celui que
je goûte complètement aujourd'hui.

Adieu, ma chere enfant. Cette lettre
ne partira que dans huit ou dix jours.
Pendant ce tems, je ferai enforte de m'en-

H

tretenir quelques momens avec toi, tous les matins. Je vais voir Mme d'Ermancour. Elle eſt depuis quelques jours, dans un état qui m'inquiète : elle a des foibleſſes & des maux de cœur ſi fréquens, que je crains qu'ils ne ſoient l'annonce de quelque maladie ſérieuſe „.

Le 18 Janvier.

« Hélas ! ma chere amie , mes triſtes preſſentimens n'étoient que trop bien fondés. Nous avons perdu la plus digne des femmes , la plus reſpectable mère & la plus tendre amie. Elle n'eſt plus cette bonne Zélie : je ne la verrai plus chez moi, ni dans ſa maiſon du Déſert. Je l'en ai vue ſortir , il y a trois jours, pour la dernière fois. Elle alla encore ce jour-là , quoique mourante, faire ſa prière ſur le tombeau où elle avoit placé elle-même le cœur de ſon époux. Je ne pus l'empêcher de s'y rendre, malgré les preſſantes inſtances que je lui fis. " Je n'ai jamais manqué à ce de-
» voir , me diſoit-elle ; laiſſe-moi , ma

» chere amie, la liberté de m'en acquitter
» encore aujourd'hui. C'eſt peut-être la
» dernière viſite que je lui ferai ; ne me
» prive pas de cette ſatisfaction ». Je l'ac-
compagnai, en fondant en larmes. Elle
étoit ſoutenue par deux de ſes femmes.
Elle arriva enfin avec bien de la peine
auprès de cette triſte pierre, qu'elle déſi-
roit revoir encore.

« Je ne viens plus, dit-elle, en adreſſant
» la parole à ſon époux, je ne viens plus
» chercher auprès de toi les conſolations
» & le courage dont j'avois beſoin pour
» ſupporter la vie. Je te rejoindrai bien-
» tôt, mon cher ami, je viens te l'an-
» noncer. Le Dieu tout-puiſſant a exaucé
» mes vœux, il va nous réunir ». Elle reſta
enſuite quelques minutes dans une profonde méditation, le corps à moitié cour-
bé, & les yeux fixés attentivement ſur le
tombeau. Elle fit ſa prière devant l'autel,
& reprit courageuſement le chemin de la
maiſon, où ſes femmes la mirent au lit
en arrivant.

H 2

Hélas ! elle n'avoit que trop prévu la fin de ses peines. Trois jours après cette triste & dernière visite, elle a été pour jamais renfermée avec son époux dans le même tombeau.

Tes larmes coulent à ce récit, ma chere amie. Vas chercher, dans les bras de ton mari, la consolation que vous vous devez réciproquement. Pleurez ensemble, mes chers enfans ; pleurez la meilleure & la plus tendre des mères. Elle vous a bien désirés tous deux. « Ma mort, disoit-elle, » seroit un moment d'allégresse pour moi, » si j'avois ici mes enfans ». Ne pouvant jouir de cette satisfaction, elle a demandé vos portraits, elle les a fait placer sous ses yeux avec celui de son mari qu'elle avoit fait modeler en cire. Il étoit de grandeur naturelle, & si ressemblant, qu'on ne pouvoit le voir sans effroi.

Avant la mort de ma malheureuse amie, cette figure étoit placée dans le fond du jardin, sous le berceau de jasmin. Madame d'Ermancour avoit fait construire dans cet endroit une niche pour mettre à couvert cette idole de son cœur. Il étoit représenté en robe de chambre, une jambe croisée sur l'autre, & un livre à la main.

C'étoit-là que, dans le tems de notre captivité, M. d'Ermancour nous attendoit ordinairement pour déjeuner. Je l'avois vu si souvent dans cette même place, & dans la même attitude, que je crus le voir encore réellement, la première fois que j'apperçus ce portrait, en arrivant dans le jardin. J'étois prévenue, malgré cela je fis un cri de surprise, & je dirois presque de crainte, en portant mes regards empressés sur cette figure que je désirois cependant de voir depuis long-tems. « Hélas! » me dit sa tendre veuve, ce n'est pas lui, » non, ce n'est pas lui, ajouta-t-elle, en » se jetant dans mes bras. Mais cette image » que je chéris, trompe mon cœur. Viens » la voir de près, ma chere Ninette, & » sur-tout, dit-elle en remarquant que » j'étois en larmes, sèche tes pleurs, si » tu veux lui plaire. Ne te souvient-il plus

» que ce digne ami n'étoit heureux que
» lorsqu'il nous voyoit contentes. Ne l'at-
» tristons pas. Vois, comme il te sourit ;
» il semble se ranimer en notre présence.
« La voilà, dit-elle en me tenant par la
» main, & en me présentant à son époux ;
» la voilà, cette chère enfant que tu ai-
» mois si tendrement.... Mais tu ne m'en-
» tends pas. Hélas ! répéta-t-elle, non, tu
» ne m'entends plus. Malheureuse que je
» suis, jamais, jamais tu ne m'entendras ».
En prononçant ces derniers mots, elle
pencha sa tête sur les genoux de la re-
présentation, & fondit en larmes. Je donnai alors un libre cours aux sanglots qui
m'étouffoient. Je pleurai sans contrainte,
en regardant l'objet de nos tristes regrets.
J'arrachai mon amie de ce lieu de douleur, où je ne suis jamais rentrée jusqu'à
sa mort. Personne que moi n'avoit eu
connoissance de cette derniere preuve de
son amour pour un époux qu'elle adoroit.
Elle est morte, en prononçant son nom &
celui de son fils.

Le 19 Janvier.

J'ai quitté hier ma lettre, ma chère enfant, pour me rendre auprès de ton père qui vouloit me parler d'un projet dont il est fort occupé depuis quelques jours. Il ne m'en avoit encore rien dit, parce qu'il n'étoit pas sûr de pouvoir l'exécuter. Ma chère amie, si le Capitaine du vaisseau qui devoit te porter mes lettres, & qui est près de mettre à la voile, peut nous recevoir sur son bord, pour nous conduire en France, nous irons, mon mari & moi, voir nos enfans, & passer quelques années avec vous à d'Ermancour & à Londres, chez mon père, où je verrai mon fils. Mon mari est parti pour Achem. Il est allé parler au Commandant du vaisseau, & s'arranger avec lui pour notre passage. Nous espérons être auprès de vous dans cinq ou six mois. J'ai besoin de cette consolation pour me tirer de l'état où je suis depuis la mort de ma pauvre amie.

Quand tu presseras ton digne père dans tes bras, ma chère enfant, témoi ne-lui bien ta reconnoiſſance & la mienne pour ce nouveau bienfait. Mais je l'entends qui arrive de la ville ; je vais voir ſi nos projets auront le ſuccès que nous déſirons . . . . .

Oui, ma chere amie, c'eſt-moi qui te porterai cette lettre. Quoique je ſache bien que je te verrai avant que tu puiſſes la lire, je ne puis me refuſer le plaiſir de t'annoncer notre départ. Que ne peux-tu l'apprendre aujourd'hui ! Mais il vaut peut-être mieux que tu l'ignores : tu n'auras pas l'inquiétude que notre voyage pourroit te cauſer. Adieu, ma bonne & tendre amie, je ne vais plus m'occuper que de mon retour vers toi.

Fin du Supplément.

www.ingramcontent.com/pod-product-compliance
Lightning Source LLC
La Vergne TN
LVHW021852170726
843503LV00003B/1185